JN016129

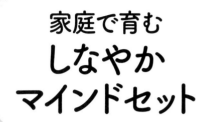

家庭で育む
しなやか
マインドセット

能力や素質を成長させる
シンプルなシステム

メアリー・ケイ・リッチ
マーガレット・リー

上田勢子＝訳

明石書店

子育てのパートナーでもある夫、エニオ・リッチへ
愛を込めて

3人の子どもたち、クリストファー、パトリック、イザベラへ。
あなたたちの人生にしなやかマインドセットを！

両親、ジョーとメアリーエレン・マーキオーネへ
感謝を込めて

義母ヴィンセンジナ・リッチへ。
2016年2月9日に亡くなった義母は母として祖母として、
私たちに無償の愛をくれました。
──メアリー・ケイ（ママ）

母キャサリン・リーと今は亡き父デビッド・リーへ
愛と感謝と尊敬を込めて。
──メグ

謝　辞

メアリー・ケイとメグ・リーは下記の方々に感謝いたします。

Jamie Aliveto、Cindy Alvarado、Michele Baisey、Troy Baisey、Carol Bates、Kristen Canning、Linda Civetti、Maureen Corio、Eric Haines、Tracy Hilliard、Karine Myers、Kristine Pearl、Cheryl Peters、Donna Quatman-Wilder、Eric Rhodes、Mary Jo Richmond、Barbara Rudakevych、Brett Stark、Angela Thomas、Jodi Vallaster、Brian Vasquenza、そして Frederick County Title I Family Involvement Team の参加者の皆さん。

Jeff Colsh、Anthony Welch、校長の Lee Jeffrey、そしてミドルタウン高校の男子サッカー部。

Kearney Blandamer、Lesley Stroot、臨時校長の Kimberly Boldon, そしてウートン高校のフィールドホッケー部。

Monique、Patrice、Noelle、そして Cain。

メグ・リーは下記の方々にも感謝の気持ちを送ります。

愛情と笑いと支えと励ましをくれた家族のみんな—— the Donegans、the Guineys、the Lees、the Pences、そして the Penns。

私の住むフレドリック郡公立学校の家族の皆さんは、テレサ・アルバン博士とマイケル・マーコイ博士の指導のもと、しなやかマインドセットを受け入れて、連日のように、学校区における効果を証明してくれました。

キャロル・ドウェック博士がしなやかマインドセットという言葉を作る前から、私にしなやかマインドセットを持つことを教えてくれた Paul Dunford、Susan Garrett、Tracey Lucas、Marty Rochlin の皆さん。

目　次

第1章
マインドセットとは何でしょう？
子どもにどのような影響を与えるものですか？

第2章
子どものしなやかマインドセットを育てるために、
親は何をすればよいのでしょう？

第3章
褒め方とフィードバックが
子どものマインドセットに与える影響

第4章
脳の働きを子どもに理解させましょう

第8章
家庭で育てるしなやかマインドセット

第1章

マインドセットとは何でしょう？
子どもにどのような影響を与えるものですか？

「子どもたちが決して学ぶことをやめないよう願っています」

——ジーナ（3人の親）

　あなたはお子さんのことを、こんな風に思ったことはありませんか？

- 「かわいそうに。この子が算数が苦手なのは私の遺伝ね」
- 「ぼくの遺伝のおかげでこの子は運動神経がいいんだ」
- 「この子は算数と理科が得意。文系は苦手だよ」

　子どもについてどう考えたり、子どもにどう反応したりするかは、親自身のマインドセットによって違ってきます。
　ところで、マインドセット（知能観）とは何でしょう？
　スタンフォード大学心理学科教授のキャロル・ドウェック博士の研究によって、現代社会における学習と能力の関係についての考え方が変わりつつあります。博士は能力を育てるシンプルなシステムを**しなやかマインドセット**と名付けました（Dweck, 2006）。しなやかマインドセットを持つ親は、子どもが努力と粘り強さとレジリエンシー（回復力）によって、より高いレベルへと伸びることを信じています。また、しなやかマインドセットを持つ人は、努力によって能力を高め、どんなことでも学習できると信じます。苦労や失敗があっても、努力と忍耐力で乗り越えて成長し、成功することができます。しなやかマインドセットを持つ大人や子どもは、成績やトロフィーではなく、学んで成長し進歩していくことこそに焦点を当てるのです。賢いと思われたいとか、才能があるように見られたいというのではありません。そんなマインドセットを育てるのに必要なのは、だれでも十分に成功できると信

じる家庭環境です。まず脳は鍛えられるということを知り、練習、粘り強さ、レジリエンシー、グリット（やり抜く力）によって何が得られるかを、親と子どもが一緒に学んでいく環境が、しなやかマインドセットの育つ家庭環境なのです。

　ドウェック博士は、**硬直マインドセット**という言葉も作りました。これは知性は生まれ持った遺伝によるものだから、新しいことを学ぶことはできても、基本的な知性のレベルを変えることはできない、という考え方です。硬直マインドセットを持つ人は、大人でも子どもでも、自分はある分野では秀でていてもほかの分野ではそうではないということが生まれつき決まっていると、考えるのです。ですから、失敗を恐れて、難しそうなことはしようとしません。自分を「賢くない」と予言してしまっているのです。

　しかし、人はこの二つのマインドセット、「硬直マインドセット」と「しなやかマインドセット」だけに分類できるわけではありません。100％どちらかだという人なんていませんから！　状況によって、ある程度どちらででもあり得るのです。ある教師は、生徒たちにしなやかマインドセットがあることを信じて、全員の力を伸ばすすばらしい教育をしています。彼女の教室では「できない」という言葉はほとんど聞かれません。子どものスキルと能力を様々な分野で伸ばせると信じているからです。一人ひとりの生徒が努力することを期待し、みんなが高いレベルに到達できると信じている彼女は、理想的なしなやかマインドセット教師と言えます。ところが家へ帰ると、彼女は自分は料理がとても下手だと信じ込んでいて、オーブンのコンセントを引き抜いて本棚にしてしまっているのです！

　あなたのマインドセットはどうでしょう？　マインドセットはあなたが何を信じるかということです。そしてそれは、あなたが自分自身や他者にどんな行動や態度を取るかに影響を与えます。親のマインドセットは、子どもが自分のことをどう見たり思った

りするかに直接影響を与えます（第2章では、親のマインドセット
をチェックする方法が書かれています）。マインドセットは子どもの
困難の受け止め方にも影響します。しなやかマインドセットを持
てれば、子どもは難しいことであっても、根気強く努力を続けま
す。一方、硬直マインドセットを持っていると、簡単にあきらめ
てしまい、その新しいことを学ぶ能力が自分にはないと思って、
学習しようとすらしなくなります。

　マインドセットが硬直型かしなやかかによって、家族間のダイ
ナミックス（力動）も変わってきます。子どもが自分をどう思う
かに、親が大きな影響を与えるということは特に驚くことではあ
りませんよね。しばしば親は、子どもを特別のレンズを通して見
てしまいます。「ジョセフは生まれつき数学が理解できるのよ」
「パトリックはいつもいい質問をするね」「キャサリンは文学をよ
く解釈できるんだ」といった言葉は、ポジティブに聞こえるかも
しれませんが、実は全て硬直マインドセット的な言い方なのです。
子どもが「どうであるか」を褒めているのであって、子どもがし
たことや努力を褒めているのではないからです。さらに、「この
子は私と同じだわ。私も数学はまるでダメだったから」「この子
が国語が苦手なのは、ぼくが読書がきらいだったからだね」
(Ricci, 2013) というようなことを言ったり考えたりして、子ど
もの弱点を正当化しようとしたことはありませんか？

マインドセットをシフトする

　知性は変えられない、という確信を崩すのは難しいことかもし
れませんが、適切な基礎と学習によって、少しずつマインドセッ
トを変えることができるのです。大人の中には、ほぼ生涯を通じ
て硬直マインドセットを持ち続けている人もいるので、現実的に
はすぐに変えられるものではないでしょう。でも、その人たちが

悪いわけではありません。私たちの多くは、小さいころから硬直マインドセットの考え方を植え付けられてきたからです。後に自分でマインドセットをシフトすることができた人でも、その信念を保つために意識的に努力し続けなくてはなりません。硬直マインドセットには、いつも元に戻ってしまう弾力性があるものです。こんな例があります。学習障害のある天才児が大学の履修科目を母親に報告するために電話をしてきました。教育者でもある母親は、何年か前にマインドセットをシフトさせ、家庭でマインドセットを育てることを励行したことを誇りに思っています。大学生になった息子が伝えてきた時間割は朝8時に始まり、マクロ経済学、国際経済、会計学、メディア分析、経営学と続くものでした。それを聞いて母親は、自分の奥深くに葬り去っていたはずの硬直マインドセットが、「そんなの無茶よ！　失敗するに決まってるじゃない」と叫びそうになったと言います。しかし、彼女はこう答えました。「難しそうなスケジュールね。でも努力を続ければ、きっとあなたにはできるとお母さんにはわかっているわよ」と。努力と忍耐とやる気によって、全ての子どもが成功できると信じることこそが、この信条の核となるものです。

脳科学に基づいたリサーチ

　知性についての考え方が変わってきた理由の一つに、テクノロジーの発達と、脳の構造の研究があります。最近の脳科学によって、知性が生まれたときから「決まっている」ことが否定されたのです。適切なチャレンジと刺激によって脳は成長するという、公式な研究も非公式な研究も発表されています。また、現在の神経科学では、神経可塑性の概念が注目されています。神経可塑性とは、生涯を通じて、脳が変化したり、順応したり、「配線を変えたり」できるという能力です。脳卒中から回復した人を知って

いる人は、まさに神経可塑性を目の当たりにしたと言えるでしょう。多くの脳卒中の患者は、ほとんど即座に脳が再配線を始め、話をしたり動いたりすることが学べるようになっています。しかし、脳卒中の患者が失ったものの多くを取り戻すためには、身体療法、作業療法、スピーチ療法の面で、大変な作業と努力が必要です。脳卒中後の「再配線」は、よく知っている地図の上にいつもと違う道を見つけることに例えられます。最終目的地が同じで、目印が似通っていても、これまでの習慣になっていた行動を達成するためには、新しい方法を学ばなくてはならないのです。神経可塑性には二つの作用があります。一つは新しい結合を作ること、もう一つはあまり使っていない結合を削除することです（Ricci, 2013）。

> 神経可塑性とは、生涯を通じて、脳が
> 変化したり、順応したり、「配線を変えたり」
> できるという能力です。

　脳の神経科学についての知識がこれほど高まってくると、必然的に子どもの学び方や育て方が変わっていきます。こうした知識は、子どもの潜在能力や達成についての親の考え方や期待にも、直接影響を与えます。親も子どもも教師も、みんなが脳と脳の可能性について学ぶことによって、学習の方法もマインドセットも変わっていくことを実感することができるでしょう。

知能と知能のはかり方について

　IQを高めることは可能でしょうか？　ミシガン大学とベルン大学が共同で行った、IQを増やせるかについての研究が2008年に発表されました（Palmer, 2011）。治験者は、図形パターンを

覚えるコンピュータの記憶ゲームを続けて行うよう指示されました。違う図形が画面に出る度に、アルファベットの1文字が音声としてヘッドホンに流れます。そして治験者は、画面に同じ図形パターンが現れたり、ヘッドホンで同じアルファベットの音声が聞こえたりすると、反応するように指示されました。ゲームが難しくなるにつれて、図形や音声が繰り返される間隔が長くなっていきました。このリサーチでわかったことは、練習を積んでゲームが上達すると、IQのようなテストスコアも上昇するということです（Palmer, 2011）。

　知能は鍛えられるのだということに、こうしたリサーチや同じような研究が貢献するようになりました。これはしなやかマインドセットのカギとなる要因ですが、多くの親や教育者にとってなかなか理解できない概念でもあるのです。認知科学は一般の大人にはあまり知られていません。「認知能力テスト／IQテストは、何を測るものだと思いますか？」と親や教育者のいくつかのグループに尋ねたところ、どのグループも返答にとまどいました。十分な時間をかけて考えてもらうと、「子どもの能力」「子どもの賢さ」「生まれつきの子どもの能力」といった答えが出てきました。こうした答えもさることながら、もっと驚いたのは、親や教師の多くがこの質問に答えられなかったという事実です。親や教師には、子どもについてのデータを見る機会がしょっちゅうあるはずです。こうしたデータに含まれる認知スコアは、優秀な子どもたちや発達障害のある子どもたちをスクリーニングする方法やIQテストなどを使って得たスコアなのです。こうしたスコアがいったい何を測っているのか、まったく見当がつかない人が多くいることは驚きです。

　「天才児や高い能力を有する子ども（ギフテッド・アンド・タレンテッド）」を識別するためのIQテストや認知能力査定は、生まれ持った遺伝的な知能を測るものではありません。能力の**発達**を測

るものなのです。ある種の理解力を発達させる機会があった子ど
もは、たまたま出題されたその種の査定で高いスコアを得るで
しょう。しかし、特にこうした理解力を発達させる機会のなかっ
た子どもの場合は、査定のその部分の結果が思わしくないのです。
アイオワ大学の教育心理学教授のデビッド・ローマン（2002）
は、能力は「学校や学校の外の」体験によって発達するものだと
述べています（段落3）。親や教育者がこうした「知能」指数を見
ると、その子どもについて憶測を立てて、子どもの潜在能力を制
限してしまうような考えが生じるかもしれないのです。

潜在能力と努力の役割

　潜在能力とは可能性そして見込みということです。しかし、**潜
在能力**という言葉はきちんとした意味で使われていないことがよ
くあります。たとえばこんな言い方をすることがあります。「こ
の子は自分の 100％の潜在能力に達していない」「お子さんが
100％の潜在能力を発揮するお手伝いをします」。潜在能力が
100％に達するというのは、いったいどういう意味でしょうか？
成績で評価できるものですか？　潜在能力は決して 100％で終
わることはありません。潜在能力には終わりがないし、可能性は
無限だからです。子どもが育つにつれ、学習や体験がより高度で
難しくなります。成長は留まることがなく、潜在能力に達するこ
とは不可能です。2008 年オリンピック水泳競技でマイケル・
フェルプスが 10 個目のメダルを取ったとき、多くの人は彼が
100％の潜在能力に達したと思いました。しかし、彼は 2012 年
オリンピックでさらに 8 個のメダルを獲得してその憶測を打ち
破ったのです。知能、才能、スキル、そして運動能力さえもさら
に育てることができると信じることが、どこまでも続く可能性を
促進させるのです（Ricci, 2013）。

　私たちはだれでも潜在能力を持って生まれます。そして、一つあるいはいくつかの特定の分野で生まれつき、より強く高い能力を示すこともあります。たとえば、身体、創造力、社交面、学術的、運動面、音楽面、芸術面などの能力の可能性は無限です。どの子どもにも強いところがあり、同年代の子どもと比べて特に強いところや、才能を持って生まれることもあるのです。生まれつき特定の強力な才能を持っている子どもは、その力と才能をより伸ばすべきです。しかし、そうでない子どもたちにも、本来才能の備わっている子どもたちと並ぶ、あるいはそれを超える潜在能力があるということを考慮しなくてはなりません。

> 身体、創造力、社交面、学術的、運動面、音楽面、芸術面などの能力の可能性は無限です。

　新しいスキルを覚えるのに、少し余計に時間がかかったときのことを思い出してみましょう。身体的コーディネーションを必要としたことや、楽器の演奏、外国語の習得、新しいテクノロジーの使い方、新しい料理法なども、新しいスキルをいったん覚えれば、それはあなたの強みになります。長年このスキルを持っていた人よりも上達することもあるでしょう。大人のあなたには、目的達成のための動機、やる気、粘り強さが備わっていて、習得するために時間をかけることを厭わなかったのです。あなたから新しいスキルを学ぶ機会を奪おうとする人や、「きみには難しすぎて無理だよ」と言う人や、あなたが入ろうとしているグループやチームやアートクラスが「あなたには相応しくない」と言う人など、いないでしょう。垣根を立てて、あなたが学ぼうとするのをじゃましようとする人もいません。しかし、私たち親は、時にこのようなことをしてしまうことがあるのです。親や学校のシステムのせいで、子どもたちの機会が取り除かれたり、子どもに高い

期待が寄せられなかったりすると、チャレンジする環境を早まって奪ってしまいます。子どもの潜在能力を妨げる原因はいくつかあります。大人も子どもも、物事を成すスピードに判断の基準を置いているということも、主な原因の一つです（Ricci, 2013）。

　この社会はスピードに価値を置く社会になってしまいました。速い方がよいのです。コーヒー屋で、注文したトールサイズのカフェイン抜きのスキムミルクを使った、熱々のキャラメルラテが2分以内にでき上がらないと、イライラしてしまうのです。インターネットがすぐに繋がらないと、愚痴を言ったり、半狂乱になって急いで何度もクリックしたりします（躍起になってクリックした結果、同じ商品が二度届いてしまった経験はありませんか？）。前を走る車が、自分と同じ速度で走らないとクラクションを鳴らしたり、大きな唸り声を上げたりします。先生や親が賢い子どもを「速い」と形容し、勉強が追い付かない子どもを「遅い」と形容してしまうこともあります。アメリカ、メリーランド州のボルティモア郡の教育者対象の講演で、キャロル・ドウェックはこう述べています。

　　　算数の問題を素早く解ければ上達するという国は世界中でアメリカだけです。
　　　他の国の人々は、どれほど深く、そしてどれだけ時間をかけてスキルを磨き練習するかが大切だということを知っています。私たちの国（アメリカ）では優れた数学者を生み出す基礎に十分な時間を費やしていないのです。

　大切なのは、子どもが学習するスピードではなく、どれほど忍耐強く努力しているかだということを、私たち大人は、一歩退いて深呼吸をして認識するべきです。

しなやかマインドセットを育む 家庭環境を作る

　本書の主な目的は、知能は鍛えられるという信念を促進する家庭環境を作ることです。全ての子どもが成功できると、全ての親が心から信じなくてはなりません。同時に子どももその信念を受け入れなくてはならないのです。信じることそして期待することです。この信念を子どもと大人の両方が受け入れるようにするためには、脳と脳の可能性について学ぶことが大変効果的です（脳については第4章で詳しく述べます）。神経科学は近年、大きな躍進を遂げました。親も子どもも脳についての知識を得ることで、努力とやる気が大いに高まるでしょう。

家庭でマインドセットが重要なわけ

　2010年にキャロル・ドウェック博士がニューヨーク市の中学校の数学クラスで行った調査によれば、知能は鍛えられると信じ、脳の働きを学んだ生徒たちには、ポジティブな成長が見られました。調査によれば、中学に上がる生徒の多くは、自分たちは皆、ある特定な決められた能力レベルを持って（硬直マインドセット）生まれてきたと信じていたと言います（Dweck, 2010）。また、生徒のマインドセットを変えようとしているワシントンDC郊外の学校で行った生徒のアンケートからも、自分には生まれつき得意なところと不得手なところがあって、それは変えることができないと信じていた生徒が60％もいたことがわかりました。この統計から考えなくてはならないのは、**いったいどの段階でこういうマインドセットになってしまうのか**、ということです。

　この統計を受けて、同じ学校区で新しい調査が行われました（Ricci, 2013）。新学期に、幼稚園に入園した園児のマインドセッ

表1　学年による硬直マインドセットとしなやかマインドセットの変化

学年	硬直マインドセット	しなやかマインドセット
幼稚園	なし	100%
1年生	10%	90%
2年生	18%	82%
3年生	42%	58%

"Mindsets in the Classroom" M.C. Ricci, 2013 Waco, Texas, Prufrock Press Copyright 2013 by Prufrock Press のp.11 より許可を得て転載

トを調べました。すると、貧困地域の子どもも中流家庭の子どもも同じように、全てのクラスの子どもの100％が、しなやかマインドセットを持っていることがわかったのです。

　幼稚園に入ったとき、園児たちは、自分は学んで成功できると考えているのです。子どもたちは一生懸命で、希望に満ち、社交面でも勉強面でも知識を吸収しようとしているのです！　この楽観的なデータを手に、今度は1年生のクラスで、児童たちが自分の知能についてどう考えるかのデータを取りました。1年生では、硬直マインドセットを持つ子どもは、わずか10％でした。ほとんどの1年生が、幼稚園児と同じ熱心さを持っていました。自分より生まれつき頭がよい児童がいること、そして自分の知能は変えることができないと感じている児童はほんのわずかだったのです。ところが2年生では、18％の子どもが硬直マインドセットを持つようになっていました。

　そこに何かパターンが見えてきませんか？　学年が1年上がるごとに、より多くの児童が知能は生まれつき決まっていると信じるようになっていったのです。「頭のいい子も、そうでない子もいる」という考えです。最も驚いた結果は、2年生と3年生の間の大きな差です。なんと3年生では、42％もの子どもが硬直マインドセットを身につけてしまっていました！　表1がその結果です。

　このデータは私たちに、声高に明確なメッセージを送っていま

す。私たちは、できるだけ早期にしなやかマインドセットを子ども
もに植え付けなくてはならないのです。全ての人が成功できると
信じ続けることができるように。幼稚園の１日目に５歳児は、
前向きな考えをたっぷり抱えて、学ぼうとしてやってきます。
我々はそのマインドセットをとらえて、生涯を通じて持続させな
くてはならないのです。それにはどうすればよいのでしょうか？

> 私たちは、できるだけ早期にしなやか
> マインドセットを子どもに植え付けなくては
> ならないのです。全ての人が成功できると
> 信じ続けることができるように。

　次の章からは、しなやかマインドセットが育つ家庭環境の作り
方とアイディアを述べていきましょう。私たちは、様々な社会経
済的、文化的、教育的バックグラウンドを持つ多様な保護者グ
ループとミーティングをしました。そして彼らの話に耳を傾けま
した。保護者向けのマインドセット本にどんなサポートや情報を
組み込んでほしいか、彼らの希望を聞きました。アイディアや情
報をメニュー化するための意見です。どの保護者グループからの
意見でも言えたのは、ある子どもには効果があることでも別の子
どもにはそうではないこともあるということでした。しかし、共
通して言える確かなことは、親自身が自分たちのマインドセット
に気づかなければ、しなやかマインドセットの育つ家庭環境を作
ることはできないということです。

第2章

子どものしなやかマインドセットを育てるために、
親は何をすればよいのでしょう？

「マインドセットについて学んで子育てが変わりました！　子どもがもっと小さいときにマインドセットを知っていたら、残念でなりません！」

——ジョー（二人の子どもの親）

　しなやかマインドセットを育てる家庭環境を作るための最初のステップは、あなた自身が今どのようなマインドセットで子育てをしているかを見てみることです。両親のいる家庭なら、二人とも自分のマインドセットを省みることが大切です。親のうちの一人がしなやかマインドセット寄りで、もう一人が硬直マインドセット寄りというような、混合マインドセットの家庭も非常によく見られます。両親が同じ家に住んでいない場合は、子どものしなやかマインドセットの重要さについて双方が理解することが理想的です。また、あなたの文化的背景が、信念や知性、仕事における倫理観、期待などに影響を与えている場合もあるでしょう。心を開いて、自分のマインドセットを観察してください。第 1 章を読んで、あなたは自分のマインドセットが、しなやかか硬直かにすでに気づいているかもしれません。でも確かでなければ、28 〜 31 ページの図 1 を見てください。この「親のマインドセット・チェック表」は、あなたの親としてのマインドセットがどちらに近いかを教えてくれるものです。

親のマインドセットを
チェックしてみましょう

　これはあなたの子育ての方法を批判したり、後ろめたい気持ちにさせたりするのが目的ではありません。単にあなたの反応の仕

方が、しなやかなのか、硬直型なのか、あるいはその中間なのか
を調べるだけなのです。このチェック方法には、あなたと子ども
とのこれまでの歩みや、子どもたちのユニークな性格やものの見
方は考慮に入れられていません。チェックシートに書かれている
ような状況が実生活で何度も繰り返されていれば、あなたはそっ
けない反応や、イライラした反応、あるいは硬直型の反応をする
かもしれません。逆に、そんな状況を経験したことがまるでなけ
れば、第 1 章で学んだことに基づいて、しなやかマインドセッ
ト寄りの答えや、できるだけそれに近い反応をしようとするかも
しれません。

　質問と説明を静かに読んで考えてみましょう。「正解」を知ろ
うとする必要はありません。どの答えにも当てはまらない場合は、
最も近いものを選ぶか、その質問を飛ばしてください。答えの点
数を足せば「ほら!　あなたは○○マインドセットですよ」とわ
かるようなチェックシートには、あえてしていません。第 1 章
でも述べたように、私たちの生活は一つのマインドセットだけで
はないのですから。子育てに限って考えても、ある部分ではしな
やかマインドセットで、あるところでは硬直マインドセットだと
いうことが、大いにあり得るのです。親のマインドセット・
チェックの質問全てに答えたら、175 ページの付録Aを参考に
して、自分の答えに硬直マインドセット、しなやかマインドセッ
ト、その中間(ニュートラル)のどれが多かったかを見てみま
しょう。すると、「自分がしなやかマインドセット的な考え方を
していたなんて気づかなかったよ」と思う人も「私はしなやかマ
インドセットだと思っていたけれど、答えを見ると硬直マインド
セットに近いようだ」と思う人もいるでしょう。この練習の目的
は、よくある子育ての状況について、あなた自身のマインドセッ
トがどうであるかを考えることなのです。

親のマインドセット・チェックシート　パート1

　次の状況の説明を読んで、あなたが通常取る反応に最も近いと思う答えを選んでください（「正しい」答えを選ぼうとする必要はありません。自分に正直に答えてください）。

1. 子どもがテストでＡを取ってきました。あなたは何と言いますか？
   A. すごいね！　頭いいね！
   B. よくできたね。Ａが取れると思ってたよ
   C. やったね！　勉強した甲斐があったね！

2. 子どもがテストであまりよくない成績を取ってきました。あなたは何と言いますか？
   A. もっと時間をかけて勉強するように言ったじゃないか
   B. 先生の点のつけ方が厳しすぎるよ。先生に話してみたらどう？
   C. このテストに向けてはどんなやり方をしたの？　この次はどんなことに気をつけようか？

3. スポーツの試合で子どもが勝敗を決める得点を入れました。あなたは何と言いますか？
   A. うれしいなあ！　きみの得点のおかげでチームが勝ったんだよ
   B. やった！　一生懸命に練習した甲斐があったね！
   C. ラッキーだったね！　おめでとう！

4. 発表会やイベントで子どもが上がってしまって、思った
   ほどよいパフォーマンスができませんでした。あなたは何
   と言いますか？
   A. すばらしかったよ！
   B. きみのベストなパフォーマンスじゃなかったね。少し
      上がってたんだね
   C. 満足していないみたいだね。この次は、どうすれば
      もっとよく準備ができて、自信が持てるだろう？

5. ゲームやパズルやアプリやコンピュータでわからないこ
   とがあって、とても時間がかかっています。あなたは何と
   言いますか？
   A. とても一生懸命にがんばっているね。あきらめない
      のはいいことだよ
   B. もう十分時間をかけたから、あきらめれば？
   C. かしてごらん、やってあげるから

6. 何でもすぐにあきらめたり、やめてしまいます。あなた
   は何と言いますか？
   A. いろんなことに興味があるのは、いいことだね
   B. もう少しがんばってごらん。練習したり、新しい方法
      を試してみようよ
   C. あきらめてもいいよ。私だって難しければやめちゃ
      うからね

図1：親のマインドセット・チェックシート

親のマインドセット・チェックシート　パート2

1. 普段から勉強がよくできる子どもが、ある科目でよい成績が取れません。ますます成績が下がるようです。あなたはどう反応しますか？
   A. この科目を取っているほかの子どもの様子を調べてみる。先生の教え方が変わったのかもしれない
   B. 成績がすぐに上がらなければ、ゲームをする時間や遊びに行く時間を減らすと子どもに伝える
   C. 何か勉強の妨げになるもの（混乱、じゃま、ペースが速すぎるなど）はないか、どうすれば子どもが成功できるかを子どもと話し合う

2. 子どもがある作業で苦労しているのに気がつきました。
   A. ほかのことをさせて注意をそらす
   B. 苦労しても大丈夫なんだと伝える
   C. その作業を手伝う

3. ゲームやスポーツや授業で困難なことにチャレンジしようとしない子どもに、なぜなのか尋ねると、「ばかばかしいから」と言います。あなたは何と言いますか？
   A. なぜばかばかしいのか理由を尋ねて、硬直マインドセット的な考え方がないか、耳を傾ける
   B. そんなことはやらなくてもいい、楽にできることだけをすればいいと言う
   C. まだできなくても大丈夫だよと、言う

4. 子どもはケアレスミスをすると腹を立てます。あなたは何と言いますか？
   A. 落ち着いて腹を立てるのはやめるように言う
   B. あなた自身も同じようなミスをしたことがあるが、そこから学んだことがあると話して聞かせる
   C. 一緒になって怒る。もっとよくできたはずだから

図1：親のマインドセット・チェックシート（続き）

硬直マインドセットか、
しなやかマインドセットかがわかったら、
さてどうしましょうか？

　親のマインドセット・チェックテストの結果は、今現在のあなたの子育てのマインドセットの傾向を表しています。マインドセットは計画的な練習と努力で変えることができます。もしあなたのマインドセットがしなやか寄りだとわかったら、考え方が硬直寄りになっている部分や中間の部分に焦点を当ててみましょう。もしあなたの子育てが硬直マインドセット寄りだとわかったら、次の部分における反応や対応の仕方をどう変えられるか考えてみましょう。

- 成績
- スポーツや音楽パフォーマンス
- 子どもがイライラしたり苦労しているとき
- 子どもが失敗やミスをしたとき

そして特に重要なのは、こうしたことに対するあなた自身の反応です。

- あなた自身の失敗や間違い
- あなた自身がなぜ、どのように挑戦することをあきらめる
  決断をしているか

> マインドセットは計画的な練習と努力で
> 変えることができます

　次の図２「しなやかマインドセット・フィードバック・スペクトル」では、親の反応を、褒め方、粘り強さ、レジリエンシー（回復力）の三つのエリアに分けています。矢印の両端の説明を読んで、あなたがどこに位置するか、線の上に印をつけましょう。そして左側（硬直型）近くに印をつけたエリアに注目してみましょう。

　自分の位置するところに印をつけましょう。

褒め方

賢いとか運動神経がいいとか才能が合うとか、成績がいいとかと言って褒める

努力、勤勉、工夫を褒める

粘り強さ

子どもが苦労しているとき介入して直接助ける

横からサポートする

レジリエンシー（回復力）

子どもが失敗したら、もうやめるように提案することが多い

失敗は成功への道の小さな穴でしかない

図２：しなやかマインドセット・フィードバック・スペクトル

親のマインドセット

　親のマインドセットは子どものマインドセットに大変大きな影響を与えます。ですから、私たち自身もしなやかマインドセットを持つようにしなくてはなりません。これは言うほど簡単なことではありません。特に硬直マインドセット的な考え方をする傾向がある人にとっては、なおさらでしょう。親が何かに挑戦したり、苦心したり、挫折に屈せずにやり通したりするのを子どもが目にすれば、こうしたサイクルは単に人生の一部なのだと考えるようになるでしょう。何かに失敗しても、私たちは失敗者になったわけではありません。ある父親は子どもに自分が失敗するところを見せるのを嫌がっていました。最高のお手本として、子どもたちに尊敬してほしいと思っていたからです。しかし、失敗の価値について多くを学んでからは、もう子どもの前で「パーフェクト」であろうとする必要がないことに気がつきました。親が前向きに、間違いから何かを学び取ったり、失敗から立ち直ったりする姿を子どもに見せることは、子どもの生涯を通じてポジティブな影響を与えることに気づいたのです。親の行動やお手本が子どもに与える影響は決して小さいものではありません。

混合型マインドセットの家族

　二人の親が別々のマインドセットの傾向を持つことがわかる場合もあるでしょう。ある保護者会で、配偶者が自分と違うマインドセットだと、自分の親の硬直マインドセットを思い出すと言う人がいました。しなやかマインドセットの家庭環境作りの第一歩は、**自分自身の**育てられ方が今の自分の子育てに影響を与えていることが多々あることに気づくことです。自分が育てられたのと同じ方法で子育てをしたいという人も、あえてまったく逆の育て

方をしようと決断する人もいます。臨床カウンセラーのアリソン・ベイツは、「自分の育てられ方によって形成された自己の信念が、私たちの対人関係の基礎になっていますが、それが子育てにおいていつもベストとは限りません」（Kadane, 2013, para.4）と述べています。

　もしあなたの子どものもう一人の親と、あなたのマインドセットが違っていても一緒に協力して、しなやかマインドセットへ移行していこうと決めたら、話し合いは子どものいないところでしましょう。ほかのことと同様に、子どもの前では一致した意見を示すことがとても大切です。子どもの褒め方や、フィードバックの仕方のような小さいことから始めてみましょう。第3章に、しなやかマインドセットのフィードバックや褒め方についてのガイダンスが書かれています。しなやかマインドセットの家庭環境の第一歩となるでしょう。

　フィードバックや褒め方を調整するのは思いのほか簡単ではありません。特に、これまで家の中で「なんて賢いんでしょう！」「天才ね！」「本当に頭がいいね！」というような褒め言葉が日常的に使われている場合は、なおさらです。さらに言えば、祖父母がこうした褒め言葉の震源地であることが多いのです。ほとんどの祖父母が孫が天才だと思っていますから！　しなやかマインドセットを育てる褒め方やフィードバックの仕方を祖父母やベビーシッターにもきちんと説明しておくことが大切です。家族にとってだけでなく、子どものためにもなることなのだと伝えましょう。

　あるお祖母さんと娘のローレンが、昼食をとりながら、孫の育て方についてこんな話をしました。

　お祖母さん：孫のソフィアがどんなに賢いかを、友だちのメアリーに話したの。ソフィアは、もう何だってできるようになったってね！　友だちはすっかり感心してたわよ。

ローレン：お母さん、確かにソフィアはよくできるけど、「賢い」という言葉は使わないようにしましょうよ。自分は賢いんだとソフィアに思わせたくないの。

お祖母さん：あらどうして？　まだ 4 歳なのにもう字が読めるじゃない。Facebook にソフィアが本を読んでいる写真を載せたら、みんな驚いてたわよ。「いいね！」をたくさんもらったもの！（と言ってお祖母さんは大ニコニコ）

ローレン：そうね。でもねお母さん、努力や勤勉が大切だという前向きなメッセージをソフィアには伝えたいのよ。頭がいいというのは、していることではなくて、人を表す褒め言葉でしょう？　ソフィアに頭がいいと言い続けていると、うまくいかないことがあると、自分はもう「頭がよくない」と思ってしまうのではないかと心配なのよ。

お祖母さん：まあ、私は 3 人の子どもを育てたけど、みんなちゃんと育ったじゃない！　いつも、私は、あなたたちに「頭がいいね」って言ってたじゃないの（と不満げです）。

ローレン：私も、ソフィアが上手にできたのに、「頭がいいね」と言えなくてつらいと思うことがあるわ。でもね、私にとっても大切なことだから、そうする努力をしないとならないの。だから、これからは、ソフィアの粘り強さや努力を褒めるようにしましょうよ。ソフィアがどれほど頭がいいかについての話は、私と二人だけのときにしましょうよ（とにっこり微笑みました）

次の会話は、お祖父さんと息子のダンの会話です。二人とも高校時代陸上のスター選手だったので、お祖父さんは孫のエミットにも大きな期待を寄せています。

お祖父さん：やはりカエルの子はカエルだな。エミットの走

りっぷりったら！　３世代続いて陸上のスター選手になれるぞ！

ダン：お父さん、確かにエミットは足が速いよ。でも陸上部に入りたいかどうか、まだ決めてないみたいだよ。

お祖父さん：なんだって！　足の速いのは遺伝なのに！　ぼくらの陸上の遺伝子を受け継いでよかったねと、この間も、エミットに話したところだよ。

ダン：今うちでね、マインドセットというすごく役立つコンセプトを試しているところなんだ。エミットが学校で習ってきた方法なんだけど、やる気を持ち続けたり、苦労に対処するのに役立つんだ。おじいちゃんに誇りに思ってもらうのはいいことだけど、今は、エミットの足が速いということよりも、サッカーでどれほどがんばっているかに焦点を当てようよ。

お祖父さん：エミットに、お前は生まれつきの陸上選手だって教えたいだけだよ。いったいそれのどこが悪いんだよ？

ダン：お父さんの気持ちはわかるよ。エミットもおじいちゃんが大好きで尊敬しているよ。でも、ぼくたちはマインドセットについて学び始めて、気づいたことがあるんだ。エミットはうまくできそうもないと思ったらトライしようとしないことが時々あるんだ。それが硬直マインドセットなんだね。親として、エミットがチャレンジするときに「生まれつき才能がある」と言うのではなくて、努力したり、新しいことをトライしたり、あきらめないで続けることに対して、褒めるようにしたいんだ。

お祖父さん：そんなこと考えたこともなかったよ。そういえば、お前がエミットぐらいの歳のとき、自信のないものはやろうとしなかったことを、思い出したよ。バスケットボールを初めてしたときのこと覚えているかい？　１度目

のゲームでまるでスコアできなくて、すぐにやめたいと
言ったよね。ぼくはエミットをこれからも、陸上のスター
選手だと思い続けるよ。だって孫だし、誇りに思うからね。
でも、エミットには、そう言わないようにするよ。
ダン：お父さん、わかってくれてありがとう。

　子どもに得意なことや不得意なことがあるのは、生まれつきの
才能によるのか、育て方によるのかという議論になると、それを
遺伝のせいにしてしまうことがよくあります。「メカに強いのは
おじいちゃんと同じね」「私も数学が苦手だったから、この子の
気持ちがよくわかるわ」のように。臨床心理学者のオリバー・
ジェイムス（2008）は著書の中でこのように述べています。「遺
伝が自分や子どもの全て、あるいは大部分を決めるという考えは
有毒ですらある」（段落1）また、精神疾患についてもこう述べて
います。「あなたが精神病で苦しんでいて、それは遺伝のせいだ
と信じているなら、回復する見込みがあまりないだろう。どうし
ようもないと自分で信じ込んでいるのだから」（James, 2008, 段
落1）。親、教師、コーチ、スカウトのリーダー、そのほかの子
どもの手本になるような大人は、決して能力を遺伝のせいにして
はなりません。周囲の大人が、言葉に出す出さないにかかわらず、
子どもに対して低い期待しか持たなければ、子どもが何かを達成
したり成功したりする可能性が低くなるのです（Ricci, 2013）。
　マインドセットや知能を変えられることを学ぶのは、子育て以
外の面で、親の人生をも改善するために重要です。著者でライ
フ・コーチのジョエル・F・ウェイド（2012）によれば、マイン
ドセットがしなやか寄りの大人は、より難しいことにチャレンジ
し、粘り強く、失敗からも回復する力があると言います。
　才能重視のマインドセットの経営陣より、しなやかマインド
セットを持つ経営陣の方が優れたパフォーマンスを見せるでしょ

う。さらに興味深いことは、しなやかマインドセットを持つ人は、自分自身のパフォーマンスや能力について、驚くほど正確な査定ができるということです。逆に、硬直マインドセットの人は、自分のパフォーマンスと能力の査定が非常に不正確なのです。

> 親、教師、コーチ、スカウトのリーダー、そのほかの子どもの手本になるような大人は、決して能力を遺伝のせいにしてはなりません。周囲の大人が、言葉に出す出さないにかかわらず、子どもに対して低い期待しか持たなければ、子どもが何かを達成したり成功したりする可能性が低くなるのです。

マイクロソフト社のように、しなやかマインドセットを取り入れた大企業もたくさんあります。下記は、2015年6月にマイクロソフト社最高経営責任者のサティア・ナデラ氏が社員に送ったメッセージです。

> みんなが成長し発展できると信じることから始めましょう。可能性は決められたものではなく、育てることのできるものです。だれにでもマインドセットを変えることができるのです。優れたリーダーシップとは、皆さんが努力し、自分の仕事に深い意味を見つけられるよう、全ての皆さんのベストを引き出すことなのです。私たちは常に学び、飽くことのない好奇心を持ち続けなくてはなりません。不確実なことにも挑戦し、リスクを負い、失敗したときは素早く行動し、失敗は成功につきものだと認識しなくてはなりません。そして、他者のアイディアにも心を開きましょう。他者の成功によって自分の成功が減少することはないので

すから（Rosoff, 2015, 段落5）。

『ハーバード・ビジネス・レビュー』（HBR）は、「『しなやかマインドセット』（キャロル・ドウェックのリサーチによる）から企業はどう利益を得られるか」という記事の中で、こう報告しています。

> しなやかマインドセットを持つ会社のスーパーバイザーは、硬直マインドセットのスーパーバイザーと比べて、従業員に対してはるかに前向きな見解を示しており、彼らがより革新的で、協調性があり、学び発展することによりコミットしていると評価している。さらに、従業員が経営に携われるようになる可能性もより多いと言っている（HBR Staff, 2014, 段落5）。
> さらに研究の示唆に基づき、社員を雇い入れるときは、その人のマインドセットを考慮に入れることが推奨される。

これが示すように、マインドセットの重要性は子育てだけに留まりません。マインドセットは人生のほぼ全て、パートナーとの関係にまでも影響を与えるのです。自分の中の硬直マインドセットを認識し、それをしなやかマインドセットに変えるよう自分に語りかけましょう。子どもに聞こえるように声を出して言ってもいいのです。親のあなたがマインドセットを変えようとしていることが子どもへも伝わります。ほかに、こんなことも試してみましょう。

● 「この書類の書き込み方がわからないよ」と言ったと気づいたら急いでこう言い直しましょう。「ウェブサイトで調べたり銀行に電話をして聞いてみよう。そうすれば、正確

に書き込むことができるだろう」

- 「自分は料理がすごく下手だ」とか「自分も数学がとても苦手だった」とか「あなたのようにピアノが弾けたらいいのに」といった自分の硬直マインドセットに要注意！（ピアノだって、正しい方法で粘り強く練習すれば、弾けるようになります！）

- よいことでも悪いことでも、遺伝のせいにしないこと。子どもをきょうだいやほかの子どもと比較しないようにしましょう。

- お手本になりましょう！　子どもたちには、成功することだけでなく、何かを学ぶプロセスを楽しんでほしいのです。家庭でお手本を示しましょう。クッキーがうまく焼けなかったら、「なんて時間の無駄なんだ！　最低のできだ！　もう二度とこのレシピは使わないぞ」ではなく、「このクッキーを焼いてみて、いろんなことを学んだよ」と言ってみましょう。

- 子どもが硬直マインドセットの言い方をしたら、言い換えましょう。「ぼく算数が苦手」「私シェークスピアが理解できない」と子どもが言うのを耳にしたら、それは硬直マインドセットの考え方だと指摘して、しなやかなマインドセットが持てるように誘導しましょう。「まだ理解できないかもしれないけれど、質問したり、やり方を変えたり、小さいゴールを決めたり、努力を続けたりすれば、理解できるようになる」ということを思い出させましょう。

　第4章では脳の基本的な働きについて子どもと話す重要性について述べています。

子どものマインドセットを育てる
話し合いのアイディア

　親のマインドセットをチェックしたら、今度は子どものマインドセットについて考えてみましょう。幼い子どもには、しなやかマインドセットが自然に備わっているものです。第1章の調査結果を覚えていますか？　子どもは学年が上がるごとに、知能は生まれつき決まっているものだと思うようになっていましたね。

　子どもがまだ幼いときから始めて、可能性や潜在能力についての5歳児の視点をずっと保たせるようにしなくてはなりません。子どものマインドセットの傾向は、子どもを観察し、話を聞き、話し合うことによってわかるでしょう。子ども一人ずつについて、次の質問を子どもに合ったように変えながら尋ねてみましょう。年齢によって少し言い方を変えればどの歳の子どもにも使えます。

- だれでも新しいことを覚えられると思う？　どうしてそう思うの？
- 生まれつきほかの子より頭のいい子がいると思う？　なぜそう思うの？
- 自分の頭のよさは変えられると思う？　どうしてそう思うの？

> 子どもが幼いときから始めて、可能性や
> 潜在能力についての5歳児の視点をずっと
> 保たせるようにしなくてはなりません

　ほとんどの子どもが、1番目のウォーミングアップの質問「だれでも新しいことを覚えられるか」にはイエスと答えるでしょう。その次の「生まれつき頭のいい子がいるかどうか」にどう答える

かに、よく注意してみてください。こんな答えが多く見られるようです。

- 怠け者で勉強するのがきらいな子もいるよ
- みんなゼロから出発するんだ
- みんな同じだけ賢く生まれてくる
- 子どもは賢く生まれてくるのではないよ。賢くなるんだね
- 算数が生まれつきよくできる子も、そうでない子もいるよ

　子どもたちが、ある決まった「賢さ」のレベルで生まれてくると考えたなら、それは硬直マインドセットなのです。でも自分たちは変われるし、賢くなれると答えたら、それはしなやかマインドセットの考え方です。一人ひとりの子どもと話し合って、それぞれのマインドセットがどこにあるかを認識しましょう。しなやかマインドセットへの移行に取り掛かったら、時々この質問をして、子どものマインドセットがしなやかと硬直の間のどのあたりになったかを調べてみましょう。

成績は重要でしょうか？

　今が学期中なら、最近どんな会話を子どもと交わしたか思い起こしてみてください。たぶん、宿題やテストや成績表の点のことを話したのではないでしょうか？　成績を重要視する親があまりにも多いのです。子どもの宿題や査定を学校がネットに載せる場合は、子ども自身よりも親の方が先にそれを見てしまうこともよくあります！　成績とは、子どもが、**その**ときに、**その**科目の、**ある一定の**スキルやコンセプトや内容に関して、どうであるかを示しているものです。成績は、子どもの将来を予測するものでも、その子の可能性を決めるものでもないのです。「悪い」成績は、

反省したり、仕切り直したり、学び直したりする機会なのです。成績のつけ方は教師によっても違っていますし、必ずしも生徒の理解力を表すものではありません。さらに、最も重要なことは、成績は硬直マインドセット的な考え方を恒久化するものだということです（ところで、学校によっては、しなやかマインドセット的な成績のつけ方を取り入れているところもあります）。

> 成績とは、子どもが、そのときに、その科目の、ある一定のスキルやコンセプトや内容に関して、どうであるかを示しているものです

　成績は、外からのご褒美を得るための、非本質的な動機を作ってしまいます。たとえばお金やステッカーや、成績そのものも、外からのご褒美と言えます。"Drive: the Surprising Truth About What Motivates Us"（動機：我々のモチベーションに関する意外な真実）の著者ダニエル・ピンク（2009）は、ご褒美を約束するような動機づけ（たとえば「Aが取れればいいんだ！」）には問題があると言います。目標の成績が取れた時点で、それ以上努力するのをやめる生徒が多いからです。外からのご褒美が設定されていないとき、達成した満足感を感じることが内面の本質的なご褒美になります。Bの成績を取った勤勉で粘り強い生徒は、さほど努力しなくてもAが取れた生徒よりも、より高いモチベーションを感じているかもしれません。多くの子どもは、優秀な成績を取ろうとしたり、巧みにAを取ろうとしたりするのに忙しくて、学ぶことの楽しさを失ってしまいます。"The Gift of Failure"（失敗という贈り物）の著者で教育者のジェシカ・ラヘイ（2015）によれば、私たちは子どもが入学した1日目から、「達成という台座」に子どもを向けさせて、点数や成績や優秀生徒に選ばれるかどうかや、賞を取れるかどうか、などで進歩の度合いを測ってしまいます

(p.20)。「私たちは子どもに性質よりも知能の方が大切だと教えてしまいます。Aの成績や、賞やトロフィーを取って来なさいと言います。大学の合格通知や奨学金を勝ち取ることを期待します。そして何よりも、失敗を恐れることを子どもに植え付けてしまうのです。失敗を恐れることが学ぶ楽しさを壊してしまうのです」(Lahey, 2015)。

> 子どもたちの多くは、優秀な成績を取ろうとしたり、巧みにAを取ろうとしたりするのに忙しくて、学ぶことの楽しさを失ってしまいます

　そして、こんな風に考えている人も多いのではないでしょうか？

- 「この子がAを取らなくては、優秀な生徒のクラスに入れないわ」
- 「教育はうちの家族にとってとても重要だから、子どもたちがAを取ることを期待しているんだ」（私たちが本当に期待すべきことは、子どもたちが努力をして、よい方法で学んでくれることです。その結果がAであろうとなかろうと）
- 「いい大学に入って奨学金をもらうためには、最高の成績を取らなくちゃ！　奨学金を勝ち取らなければ学費が払えないわ（訳注：アメリカの大学は優秀な生徒に返済不要の奨学金を出します）

　これらはどれも子どもに優秀な成績を取らせるための、もっともな理由ですし、実際に現段階のアメリカの教育システムによれば、よい成績がよい学校への近道であることは否めません。それ

でも、最近ではSNSや教育の現場で、成績の意味を問う意見を多く聞くようになりました。そして、生徒に成績をつけない学校や学校区が現れるようになりました。将来に希望が持てそうです！　でも、ほとんどの学校では、まだ成績のよしあしが現実問題なのです。ぜひ覚えておきたい最も大切なことは、子どもの成績を強調するのをやめて、学ぶプロセスを強調していくべきだということです。努力が大切なのです。大学の中でも、内申点や共通一次テストの点数よりも、学生との面接を重視するところが増えてきています。Fairtest: The National Center for Fair and Open Testingというテストの公平さのための団体によれば、アメリカの 800 以上の大学が、大学入試に共通一次テストを必要としなくなっていると言います。テストの点数は、成功を予測するものではありません。テストの代わりに行われる面接では、学生の勉強に対する態度や粘り強さについての質問もあります。こうしたことが大学で成功できるかどうかに関わるのです。第 6 章で、学校関連の問題をもっと述べていきます。

融通性と楽観性

しなやかマインドセットを育む家庭には融通性と楽観性が見られます。しなやかマインドセットを持つ人は、より楽観的なのです。融通性と楽観性のある家庭にするには、どうすればよいでしょう？

●融通性のお手本を示しましょう。変化は人生の重要な側面であると伝えましょう。予定通りに物事が進まないとき、融通をきかせた考えを示しましょう。失望するようなことがあっても、それに飲み込まれないように、そして予定を変更して対応できるところを、子どもに見せましょう。子

ども自身が、予定が変わったり、すぐ成功できなかったりしたときに、融通性と順応性を示すことができれば、子どもを褒めましょう。

● 楽観的に考えるお手本を示しましょう。「コップに水が半分も入っている」という見方を取り入れましょう。希望と楽観的な展望を持つ人は、ほとんどどんな状況にもポジティブな面があると信じられる人です。

● 「悪い」と思われることが起きたとき、どんな状況にもよいところを見つけ出す努力をしましょう。その状況を楽しむのです！　たとえば、コップをうっかり割ってしまったら、「食器棚にスペースができたね」というように！

　私たちは、子どもがなりたいと思ってくれるような大人になる努力をしなくてはなりません。

偽りのしなやかマインドセットにご用心！

　自分にはしなやかマインドセットがあると思っていても、行動が伴わない場合があります。キャロル・ドウェック（2016）と彼女の同僚たちは、これを「偽りのしなやかマインドセット」と定義しています。「しなやかマインドセット」だと思ってしていることが、実際は、まったく逆で、硬直マインドセット的な行動の場合があるのです。たとえば、「お前は、やろうと思えばどんなことでもできるのだよ」と、何でもできると子どもに言うのも、その一つです。確かにこれは大切なメッセージですが、口に出してそう言う前に、子どもにそのための経験と知識があるかどうかを考えなくてはなりません。ドウェック（2016）はこう説明しています。「ただできると断言しても、できるかもしれませんが、そうなるわけでもありません。特に子どもにそのための知識やスキ

ルや方法や情報が備わっていなければ、なおさらです」(段落 8)

　ドウェックと研究者たちは、しなやかマインドセットに価値を置く親が、しばしばを硬直マインドセット的な反応をすることに気づきました。ドウェック (2015) は「(親たちは) 子どもの間違いに対して、それが役に立つのではなく、困った有害なものだという反応をします。すると子どもは自分の能力についてより硬直マインドセット的になってしまうのです」(段落 12)

　しなやかマインドセットの家庭環境を作るなら、自分に対して辛抱強くなりましょう。一夜にして成し遂げられるものではありません。子どもがおかしたミスには、つい反応してしまうものです。もっとよくできたはずだと思っていれば、なおさらです。親の反応によって子どもが考えたり、方向を変えたり、考え直すことができるようにすることが大切なのです。子どもに向かって、興味深い様子で、「この次はどう変えたらいいと思う?」と聞いてみましょう。

第3章

褒め方とフィードバックが
子どものマインドセットに与える影響

「一生懸命やったねってママに言われると、すごくうれしい！」

——ベンジャミン（9歳）

　英語の褒めるという言葉、praiseの語源は、ラテン語で高い価値という意味のpretaireです。親にとって子どもほど価値のあるものはありませんから的確な表現だと言えます。私たちが子どもを褒めるのには、様々な理由がありますが、共通しているのは子どもによい気分になってほしい、価値を認められたと思ってほしいという気持ちです。

　一方、フィードバックは「ほんわかした気持ち」を引き出すのが目的ではありません。フィードバックは、その作業がどう行われたかについてのより具体的な情報で、特に、ある行動を認めたり、強化したり、改善したりする目的で使われることがよくあります。親は常に子どもに、何かをやり通したり、スキルを磨いたり、新しい方法でアプローチしたり、問題を解決したりすることを教えるためにフィードバックを与えています。

　しかし私たちは、褒めたりフィードバックを与えたりするときの言い方や目的について、じっくり考えることはありません。そのとき、子どもに聞かせたいと思ったことを、口に出して言っているだけです。もし私たちが硬直マインドセットやしなやかマインドセットというレンズを通して、褒め方やフィードバックの仕方を見れば、それがとても奥深いものだと気づくでしょう。見逃しがちなのは、褒められたりフィードバックを与えられたりした後、**子どもの頭の中でどんなことが起きているか**ということです。褒められたりフィードバックを与えられてすぐに、子どもがどう反応するか、どう考えるかを予測しなくてはなりません。褒めることとフィードバックの二つを効果的に組み合わせ、さらに、し

なやかマインドセットが子どもに備わるような言葉を選ぶことによって、本当の力が発揮されるのです。

褒めることの問題

　キャロル・ドウェック（2006）のリサーチによれば、能力を褒めることによって、子どもはまっすぐに硬直マインドセットへと押しやられ、体験の喜びを失ってしまいます。こんな例について考えてみましょう。

　　「マルコは本当にバッティングの才能があるわね！」母親が誇らし気に、息子の背中を叩きました。マルコは今日のリトルリーグの試合でヒットを３本も打ったのです。そのうちの２本は二塁打でした。マルコのお母さんは、息子の活躍ぶりに興奮してとても喜んでいます。自分がどれほど誇りに思っているか、そして息子には野球の才能があることを、伝えてやりたいのです。

　９歳のマルコの耳には、お母さんのどんな言葉が聞こえたでしょうか？

- 自分は野球がうまい
- 自分には、生まれつきバッティングの才能がある
- ピッチャーは自分から三振をなかなか取れない
- お母さんが喜んで誇りに思ってくれた

> 褒めることとフィードバックの二つを
> 効果的に組み合わせ、さらに、しなやか
> マインドセットが子どもに備わるような
> 言葉を選ぶことによって、本当の力が
> 発揮されるのです。

　さて、それからどうなると思いますか？　マルコは「生まれつき才能があるから」あまりバッティングの練習をする必要はないと思うでしょう。時間をかけて技術を磨く必要なんかないと思うのです。マルコは次の試合に自信満々で臨みました。ところが二度も三振してしまったので、混乱し失望してしまいました。なぜ球が打てないのでしょうか？　自分は打てるはず。お母さんもそう言ったじゃないか！　思ったほどマルコはバッティングがうまくないので、お母さんはきっととてもがっかりするでしょう。

　マルコのお母さんが「生まれつき才能がある」と褒めたことに気づきましたか？　これをキャロル・ドウェックは、「人を褒めること」だと言います。子どもの特質、たとえば頭がいいとか、生まれつき何かに才能があるとかと言って褒めるのは、子どもの成功は遺伝的特質のせいで、子ども自身にはどうすることもできないということを伝えているのです。「きみってすごく背が高いね」と言うのと同じなのです。背が高いことは自分ではどうしようもできないことですし、努力や忍耐や勤勉によって変えることもできません。

　お母さんは、キャロル・ドウェックの言うところの「プロセスを褒める」こともできたはずです。これは、子どもが**どうであるか**、ではなく、**何をしたか**に注目することです。マルコのお母さんは、「すごいヒットだったね、マルコ！　練習した甲斐があったね！」と言えたかもしれません。このメッセージでも、マルコ

が達成したことをお母さんが誇りに思っていることが伝わります。原因を、生まれつきの能力にではなく、努力と練習に結び付けているのです。すると、マルコの次の考え方や行動が変わってくるでしょう。ヒットが打てたのは、マルコが一生懸命努力したからだと、お母さんが言っているのがマルコに聞こえました。マルコは練習でスキルをもっと磨こうと、わくわくしています。成長、進歩、上達に焦点が当てられていくのです。

　今度は勉強についての例を紹介しましょう。

　　　３年生のテスは、１学期の通信簿をうれしそうに叔母さんに見せています。「すごいね！　テス！　全部Aじゃない。お母さんみたいに、すごく頭がいいんだね！」と叔母さんが興奮しています。テスはにっこり笑いながら、頭がいいってすばらしいことだな、と思いました。

　叔母さんの「人を褒める」言葉からテスはどんなメッセージを受け取ったでしょうか？

● オールAだったのは、頭がいいから
● お母さんも頭がいいから、テスも生まれつき頭がいいんだ

　今テスの叔母さんがしたことは、硬直マインドセット的な考え方を強化したことですよね。テスの頭のよさを褒めることによって、賢さというものは自分で身につけられるものではなくて、「もともと持っているか」「持っていないか」のどちらかだと示唆したのです。テスは、これからよい成績を取る度に、生まれ持った頭のよさのせいだと思うでしょう。こんなマインドセットを持つとより難しいことに挑戦しようとしなくなったり、人に何と言われても自分は生まれつき頭がいいんだという考えを曲げようと

はしなくなるかもしれません。勉強は何でも簡単だと思い込んでしまって、テスに困難が訪れたとき、粘り強く努力せずにあきらめてしまうかもしれません。

　マルコとテスに失敗の兆候が出始めたら、状況はどう変わるでしょう？　イギリスのケント大学の研究者、イヴォンヌ・スキッパーとカレン・ダグラス（2012）は、何かがうまくいかなくなったとき、子どものとった経過についてフィードバックを与えずに、「人を褒める」やり方をすれば、その子は失敗に対してずっとネガティブな反応を示すようになると言います。これは、褒めるときは、具体的なことに関して褒め、子ども自身が変えられないことには向けないべきだという、私たちの信念にも通じるものです。

　また別の例で、この考え方をさらに深く見ていきましょう。

　　　13歳のエリーズは幼稚園のときから、地域のレクリエーションセンターの放課後のアートクラブに参加してきました。コミュニティセンターには彼女の作品が何枚か壁に掛けられています。学校でも去年の秋の彫刻コンテストで賞を取りました。エリーズは、ずっと毎週水曜日の放課後のアートクラブを楽しみにしていて、アートの技術を磨いたり、新しいテクニックを覚えたりしてきました。今年になって、上級アートクラスの生徒は、優れたアーティストの教える絵のクラスに毎週行くことになりました。そこでエリーズたちは、グワッシュ水彩という特殊な不透明水彩画を初めて習っています。ところが、何週間か練習しても、エリーズは色の混ぜ方に苦労しています。そしてイライラして、描きかけの絵を何枚も途中で放り出してしまいました。でき具合に満足がいかないのです。最近、エリーズがこれまでのように毎週のアートクラスの準備に時間を

かけなくなっていることに、お父さんが気づきました。

「何度描いてもうまくできないから、もう嫌なのっ！」
とエリーズが叫びながら、絵筆と丸めた画用紙を手に、部屋から飛び出してきました。誕生日に買ってやった高価な画用紙がまた１枚無駄になったと、お父さんの体がこわばります。

挫折している娘に何と言ってやればいいかわからず、お父さんはエリーズにこんな風に話しかけました。「エリーズは、神様からアートの才能をもらってるんだよ。どの絵もすばらしいじゃないか！」

エリーズはどんなメッセージを受け取ったでしょう？

● 自分は生まれつきアートの才能がある
● 機嫌を直させようとして、お父さんはどの絵もすばらしいと思うと言っているだけだ
● グワッシュ水彩も、ほかのテクニックのように簡単にできるはず。こんなに苦労するのは、もしかしたら自分はみんなが言うほどアートがうまくないからかもしれない。

お父さんは、挫折感を味わっている娘を慰めるために、褒めることを選びました。エリーズにアートの才能があることを思い出させて、自信を取り戻させたいと思ったからです。しかし、実際にはお父さんの言った言葉は、逆効果だったかもしれません。エリーズの耳に入った言葉は、どれも硬直マインドセットの考え方です。努力や工夫や粘り強さではなくて、「生まれつきの才能」を褒められたのです。

私たちは、マルコやテスやエリーズに向けられるような褒め言葉を毎日のように耳にします。そうした褒め言葉を子どもに与え

る大人は、よかれと思って言っているのです。著者の私たちだってそうなのです！　長年しなやかマインドセットを学び、本を書いたり、講演をしたりしている私たちでも、ときたま自分の子どもたちを「賢い」とか「生まれつき才能がある」と言って褒めそうになることがあるのです。でも幸運なことは、言葉にして出す前に（ほとんどの場合）気づくことです。硬直マインドセット的な褒め方を、別の方向に向け直すことで、しなやかマインドセットを育てる褒め言葉の語彙を増やせるようになりました。練習さえすれば、あなたにもきっとできます。次に、しなやかマインドセット的な三つの褒め方を見ていきましょう。

しなやかマインドセットを育てる褒め方 タイプ１：努力を褒める

> 勤勉と努力をもってチャレンジを喜んで
> 受け入れることこそが、
> しなやかマインドセットの証明です

　硬直マインドセット的な考え方をする人は、自分は生まれつき「賢くないから」とか「才能がないから」、努力しなければならないと考えます。すると、早くあきらめてしまったり、敗北感を持ったり、うまくできっこないと思い込んでしまったりします。一方、しなやかマインドセットを持つ人は、勤勉と努力は成功のカギだと考えます。努力しなくてはならないのは、自分に弱点があるからではないということを、子どもたちに理解させることが重要です。努力は喜んで受け入れるべきことなのですから！　算数の問題でも油絵でも新しいダンスでも、一生懸命に努力することで、より強力な神経結合ができ、子どもたちの脳が「成長する」のです！　最大の力が要求される状況を避けずに、子どもた

ちが努力の必要なチャレンジを求めていくことを、私たちは望んでいます。ウィンストン・チャーチルの有名な言葉があります。「悲観主義者は全てのことに困難を見出し、楽観主義者は全てのことにチャンスを見出す」勤勉と努力をもってチャレンジを喜んで受け入れられることこそが、しなやかマインドセットの証明なのです。

　その特質を育てるためには、子どもたちの努力を褒めるようにしなくてはなりません。努力を褒めることは、そのとき、子どもが行っている努力を認めて、それに対するフィードバックを与えることなのです。たとえば、こんな風に褒めましょう。

- 「一生懸命努力しているんだね！　がんばって！」
- 「簡単じゃないかもしれないけど、前進しているし、ベストを尽くしているから大丈夫だよ！」
- 「このプロジェクトに力を注いでいるのを見て、とてもうれしいよ！　自分でも誇りに思うだろう？」
- 「もう１時間も努力しているね！　よくがんばってるね。ちょっと休んでおやつを食べて、またやってみようか？」
- 「まだよくわからなくても、はじめよりはずっとわかるようになったよね！　やる気が成果になっているのがよくわかるよ！」
- 「こういう作業にこれほど時間をかけるのは、大変だよね。でもきっと最後にはすごい満足感を味わうことができるよ！」

> 努力を褒められる子どもは、人生に必要なほとんどのものは努力によって生まれるという、大切な人生の教訓を、私たちよりも早い時期に身につけることができるでしょう

- 「問題を解く方法をいくつも試しているのは、ちょうどお父さん（お母さん）が仕事で複雑な問題があるときにやっていることみたいだね」

　努力を褒められる子どもは、人生に必要なほとんどのものは努力によって生まれるという、大切な人生の教訓を、私たちよりも早い時期に身につけることができるでしょう。努力しなくてはならないことを、ネガティブなこととしてではなく、ポジティブなこととして見る機会があれば、子どもはチャレンジを求め、苦労をも喜んで受け入れるようになるでしょう。

しなやかマインドセットを育てる褒め方
タイプ２：工夫を褒める

　工夫を褒めることで、「気分をよくさせる」要素だけでなく、フィードバックに価値を与えるという要素も加えられます。特定のスキルとこれまでに培った知識を使うことによって成功に近づけるということを、子どもに教えることができるのです。どんな工夫の褒め方が適切なのか、次の例を見てみましょう。

　　マリアの息子トマスが大学の中間試験後の休みで家に帰ってきました。大学では、勉強にも社交にもすっかり慣れたようですが、哲学の授業で苦労していると言います。「教授の言っていることがよくわからないし、ぼくが提出するものは、どれもこれも気に入らないみたいなんだ」と夕食を食べながら、トマスが嘆いています。「哲学のクラスはおもしろそうだと思ってたけど、ただ挫折と失望の繰り返しだよ。教授のオフィスに相談にも行ったし、勧められた学習グループにも入ったけど、役に立つのかなぁ」

　ここで、マリアが息子に同情したり、自分も大学時代に同じようなクラスで苦労したと話すことは、いとも簡単でしょう。しかし、こういうときこそが、息子が難しい授業に耐え抜くための工夫をすでにいくつもしていることを褒めて、しなやかマインドセットを強化する絶好のチャンスなのです。

　　「教授に相談したり、学習グループに入ったりしたのは、
　　いいことね！　トマスが興味を持って努力していることが
　　よくわかるわ。よくがんばってるね」

　工夫を褒めることは、子どもにフィードバックとガイダンスを与えるだけでなく、子どもがすでによい選択をしたことを強調することでもあります。この組み合わせは重要です。フィードバックにはいくつかの重要な目的があると、教育者マヤ・ウィルソン（2012）は述べています。まず、結果が改善されるのに役立ちます。また、子どもが学習者としての自分への健全な視点を育てることにも役立ちます。さらには、何かを上手にやり遂げることへの理解力も育てます（Wilson, 2012）。

　シカゴ大学とスタンフォード大学（Gunderson他, 2013）の研究者たちが共同で興味深い研究をしました。子どもの形成期にあたる2歳から4歳のときに、親たちが家庭でどう褒めたかを記録し、褒め方のタイプが5年後の子どものパフォーマンスにどう関わるかという研究です。おもしろいことに、幼児期に挑戦したことをたくさん褒められた子ども（賢いとか才能があるとかではなくて）は、7歳から9歳になったときに、難しい問題に取り組む率がずっと高く、努力次第で成功や不成功が決まると考え、進歩するために工夫をすることが多いことがわかりました（Gunderson他, 2013）。

　工夫を褒めることを覚えておくためには、褒める焦点をシフト

させるとよいのです。子どものしたことの結果に焦点を当てるのではなく、そこまでに子どもが取ったステップに焦点を当てるのです。こうしたレンズを通して見れば、私たちは「たとえば理科のテストの成績や、試合で挙げた得点や、『すばらしい』絵といった最終結果に注意を払うのではなくて、そこにたどり着くまでのプロセスに注目することができます」（Suissa, 2013, p.3）。工夫を褒めるという貴重なフィードバックは、しなやかマインドセットを育てると同時に、子どもが学習し進歩するのを助けるのです。

しなやかマインドセットを育てる褒め方 タイプ３：忍耐力を褒める

　山ほど努力をして、様々な工夫を凝らしても、やり遂げるためには**時間**がかかるチャレンジもあります。新しく学ぶことで、脳が新たな神経結合を作って、今までと違うことをするための「配線」を作らないとならないような場合は特にそうでしょう。初期の段階で進歩が見られないと、少なくともがっかりするものです。忍耐力を示すには、ある程度やりがいのあるものでなくてはなりません。ゲームを使う学習方法で子どもの忍耐力を研究したクリステン・ディセーボ（2014）によれば、「簡単な作業では、忍耐力を示せるようなチャレンジや失敗を与えられない」と述べています（p.20）。

　わかりやすい例がタイピングの練習です。私たちの多くは、ぎこちない打ち方ではなくて、スムーズにタイプ入力をする技能を必要とする仕事をしています。しかし、タイプの仕方を覚えるためには、キーボードとその機能についての知識や、努力だけでは十分でありません。練習しながら、多くの間違いをするものです。以前私たちがタイプを習ったときは、まだ白い修正液でタイプミ

スを修正したり、特別のリバース・キーを打って修正したりしていました。今ではバックスペースキーを叩くだけで修正できるのですから、なんとありがたいことでしょう！

　タイピングは自転車と同じように、自動化するスキルですが、そのためにはとてもたくさんの練習が必要です。練習には時間がかかります。十分な時間を費やさずに挫折してあきらめてしまったら、上達しません。

　これが三つ目の、しなやかマインドセットを育てる褒め方へと繋がります。子どもが挫折しながらも前進していくのを褒めれば、**長い時間**努力を続けなくては習得できないものもあるということを、子どもに気づかせることができます。パズルや前回転や割り算ができなかったり、バスケットボールのシュートが入らなかったりすると、子どもたちはすぐ落胆してしまいます。"Nurture-Shock: Why Everything We Think About Raising Our Children Is Wrong"（ショックを育てる：私たちの子育ての全てが間違っているわけ）の著者のポー・ブロンソンとアシュリー・メリーマン（2009）は、ネズミが迷路の中の餌を見つける挫折感を乗り越えるトレーニングができるように、人間の脳もチャレンジを乗り越える忍耐力を学ぶべきだと言います。

> 子どもが挫折しながらも前進していくのを
> 褒めれば、長い時間努力を続けなくては
> 習得できないものもあるということを、
> 子どもに気づかせることができます

　習得するのに時間のかかるスキルはたくさんありますが、子どもと大人の時間の観念は違うのです。4歳児に10分だけ待つように言ってみれば、その意味がわかるでしょう。ですから、粘り強さを褒めることは、進歩に時間がかかるものがあっても当然だ

ということを強調するものです。さて、どのように褒めればよい
か例を見てみましょう。

　　アンジェラ（10歳）は初めて地域の水泳チームに入り
　ました。初めて参加した水泳大会で、アンジェラは25m
　クロールをすることになりました。コーチは、短い距離の
　クロールだけのレースでアンジェラに自信をつけさせよう
　と考えたのです。アンジェラはどきどきしていましたが、
　ゴーグルをしっかりつけて、激しく泳ぎ始めました。しか
　し、アンジェラが苦心しながらレーンの境界線の方へ向
　かって泳いでいるのを、両親はプールサイドから何もでき
　ずに見守るだけです。コーチもそれを見ていましたが、ア
　ンジェラを応援し続けました。
　　ほかの子どもたちがゴールしたとき、アンジェラはまだ
　レーンの中ほどでした。アンジェラがそれに気づいて周囲
　を見回して、泳ぐのをやめてあきらめようかどうか迷って
　いるのが、両親にもわかりました。でもアンジェラはまた
　頭を水につけて、一生懸命にバタ足で、曲がりくねりなが
　らゴールまで泳ぎ続けました。
　　「アンジェラ！　すごいよ！　よく泳いだね！」とコー
　チが言いました。「レーンで苦心してたけど、やめなかっ
　たね。あきらめなかったね！」

　コーチはアンジェラの忍耐力を褒めました。アンジェラが感じ
た困難を認めると同時に、あきらめずに前進した決意を褒めたの
です。アンジェラはきっとこれからも、レースで、ゴーグルをな
くしたり、ターンに失敗したり、びりになったりするでしょう。
しかし、忍耐力を褒めることでコーチは、こうしたチャレンジを
克服できるとアンジェラに教えたのです。

「まだ」のパワー

　いろいろな褒め言葉の例を読んできました。こうした例から、親の言葉が、子どもが次にどんなステップを選ぶかを決めることに大きな影響を与えていることがわかったと思います。慎重に考えて練習すれば、しなやかマインドセットを育てる褒め方ができるようになるでしょう。しかし、長い目で見て、最も役立つと思える褒め言葉が、実はもう一つあるのです。

　大人は口をすっぱくして子どもに、「（お礼を）言いなさい」と言いますよね。お菓子やおもちゃをもらったり、ピーマンのおかわりをお皿に載せてもらったり（これはあり得ないかも！）したときに、子どもがきちんとお礼を言えるように促しているのです［訳注：原文では、子どもがクッキーやおもちゃをくださいと人に頼んだり、芽キャベツをもう少しください（あり得ないかも！）とお願いするときは "Please" という魔法の言葉を使いなさい、ということになっていますが、日本での事情に合うように変えて訳しています］。「ありがとう」は、もちろん子どもに理解させたり、使わせたりする重要な言葉であることに反論する人はいないでしょう。同じように、しなやかマインドセットを育成しようとするときにも、一つの「欠かせない言葉」があるのです。それは、「**まだ**」という言葉です。

　「**まだ**」は「将来いつか」という希望のある言葉です。「できない」という硬直型の考え方を矯正する方法として、しなやかマインドセット育成にパワフルな意味を持つ言葉なのです。今何かができないということは、絶対に達成できないということではないのです。人間が「できない」の世界に閉じ込められていたら、どんな発見も、新記録達成も、夢の実現もあり得なかったでしょう。**今日**、新発見や問題解決ができなかったり、楽器をうまく演奏できなくても、それは一時的なことなのです。勤勉に努力して、ス

キルを増やしていけば、進歩と達成は必ずやってきます。それが
「**まだ**」という言葉のパワーなのです。

> 「まだ」は「将来いつか」という希望のある
> 言葉です。「できない」という硬直型の
> 考え方を矯正する方法として、しなやか
> マインドセット育成にパワフルな意味を持つ
> 言葉なのです

あなたにも、次のような経験がありませんか？

　　ローザは、昼間親が働いている間に小さい子どもの世話
をする託児所の仕事をしています。子どもたちと一緒に遊
んだり、ヘルシーな食事を与えたりするだけでなく、時間
を使ってアルファベットや数字も教えています。3歳のア
レクサンドラは、自分の名前を書くのにとても苦労してい
ます。ほかの子どもたちが名前を書き終えたのを見て、ア
レクサンドラは「私の名前は字が多すぎるよ！　できない
よー！」とすぐに大粒の涙を流し始めました。ローザはア
レクサンドラをなだめて、名前を書く手伝いをしました。
でもローザは、こっそりこんなことを考えています。アレ
クサンドラという長ったらしい名前の代わりに、アレック
スとかアリとかというニックネームにすれば、いちいち癇
癪を起こさないで済むのにと。

　アレクサンドラは自分の名前を書けるようになるでしょうか？
もちろんです！　1日で書けるようになるでしょうか？　それは、
たぶん無理でしょう！　名前を書くのは、文字の順序を覚えたり、
1字ずつ書き方を学んだりする複雑な作業です。アレクサンドラ

が自転車に飛び乗ってもすぐ乗れるようにならないように、自分の名前を書くのにも練習する時間が必要なのです。「**まだ**」書けないだけなのです。ローザは、「**まだ**」という言葉を使って、アレクサンドラにこの考え方をしっかり伝えればよかったのです。そうすれば、次にアレクサンドラが「できない！」「書き方がわからない！」と叫んだときに、ローザは「**まだ**できないかもしれないけど、練習すればできるようになるよ！」と言えますから。

　「できない」の罠にはまるのは保育園児だけではありません。私たち大人も同じです！　これはゴールへ向かって進む勢いを止めてしまう罠なのです。子どもが、何かができないとか、自分には能力がないとか、どうすればいいかわからない、とかと宣言すれば、その作業を達成せずに済みます。難しすぎると宣言することで、一生懸命にさらに努力することから「免除」されるのです。

　アメリカ、メリーランド州フレデリック町のモナカシー中学では、ブライアン・ヴァスクエンザ校長と職員が、とてもシンプルですが大変パワフルな試みをしました。明るい黄色の紙に黒い大きな字で、「**まだ**」と書いたポスターを、全ての教室の壁に貼ったのです。学校の雰囲気を変えて、生徒たちが難しい問題や勤勉な学習から「免除される」ことがないようにと考えたのです。学校でポスターを見た生徒も大人も、自分たちは毎日学び成長し進歩しているのだということを再認識しました。クラスで生徒が「できません」と言い始めると、先生はただ黙ってポスターを指さします。生徒たちも「まだ」という言葉を使ってお互いを励まし合うようになりました。この欠かせない言葉は、新しいことを学ぶのは難しいこと、すぐに習得できるわけではないこと、そして懸命に努力すれば、成功が訪れるということを、見る人全てに思い出させてくれるのです。

> 子どもが、何かができないとか、自分には
> 能力がないとか、どうすればいいか
> わからない、とかと宣言すれば、その作業を
> 達成せずに済みます。難しすぎると宣言する
> ことで、一生懸命にさらに努力することから
> 「免除」されるのです

　テレビ番組「セサミストリート」でも「**まだ**」という考え方が愛情を持って伝えられました。第 45 シーズン目にジャネル・モネという歌手が登場したときに、彼女とパペットたちが、何かを達成するには時間がかかると、歌と踊りで子どもたちに教えたのです。このビデオは https://youtu.be/XLeUvZvuvAs で見ることができます。

しなやかマインドセットの褒め方とフィードバックを練習しましょう

　ジャック・アンドレイカは科学者で発明家でがんの研究者で著者でもあります。すばらしい履歴ですが、もっと驚くのは、彼はまだ 18 歳のスタンフォード大学の 1 年生だということです。ジャックの両親（スティーブとジェーン）は、独立心と革新的な考え方を持つ二人の子どもを育てました。ウォール・ストリート・ジャーナル新聞のライターのセス・スティーブンソン（2015）がジャックの両親に、ほかの親への助言はないかと尋ねたとき、ジェーンはこう言いました。「子どもに、ただ頭がいいねと言わないことです。子どもの努力と粘り強さを褒めることです。失敗してもいいのだと、そして子どもが一生懸命にやり抜こうとしている姿を見るのが親はとても好きなんだと、伝えることです」

（段落16）。

　この考え深いメッセージこそがジャックの決意と動機を育てたのです。ジャックは、すい臓がんの初期の兆候に興味を持ち、とてもシンプルで結果がすぐわかるテスト方法を見つけ出しました。まだ治療のできる早い段階ですい臓がんを発見できると考えたのです。ジャックは、すい臓がんの研究をしている200人もの教授に提案書を送りました。こんな手紙を添えて。

　　○○教授へ

　　ぼくはノースカウンティ高校に通う学生です。今、サイエンスの催しのために、ナノチューブと抗体を使ってすい臓がん（R1P1株）を発見するプロジェクトをしています。MUC1を使って免疫化したマウスから抗原と抗体を作ろうと計画しています。MUC1は、異種移植したマウスのRIP1からホット・フェノールを使って取り出します。水を使って抽出する方法です。その手順をこのメールに添付します。MUC1を作り出すために教授の実験室を使わせていただけないでしょうか？　そこからPAM4を作ります。このメールを読んでくださってありがとうございます。教授のご研究はすばらしいと尊敬しています。もし教授にお願いできないようでしたら、どなたか紹介していただけますか？

　　　　　　　　　　　　　ジャック・アンドレイカ

　　　　　　　　　　　　　（Andraka, 2015, p.116）

　ジャックはこのメールに30ページの詳細な提案書を添付しました。MUC1って何のこと？と思っているのはあなただけではありません。著者の私たちにも、いったい何のことやらさっぱりわからないのですから！　ジャックのこの分野における専門性と、

がん研究の知識は、私たちの理解を大きく超えています。ところ
で、提案書を送ったジャックは、数週間の間、断られ続けたとい
います。これはジャックと彼の両親のマインドセットにとって大
きな試練でした。ジャックの 193 通目のメールへの返答は、
ジョンズ・ホプキンズ大学のアニーバン・メイトラ博士からのも
のでした。博士はジャックに実験室を使う許可を与えました。そ
のおかげでジャックは 2012 年インテル科学とエンジニア大会
で優勝し、我々は将来いくつかのがんが迅速に診断できるように
なる期待を持てるようになったのです（Andraka, 2015）。

　もしジャックの両親がしなやかマインドセットの褒め方や
フィードバックをしていなかったら、どうなっていたと思います
か？　ジャックは自分の夢の実現に少しずつ近づくために、失望
に耐え続けていくことができたでしょうか？　私たちはジャック
と会う機会を持つことができました。そのときジャックがはっき
り語ったのは、いかに彼の両親がチャレンジを乗り越える手助け
をしたかということです。ジャックのようなしなやかマインド
セットを持つ人こそが、優れた次世代のがん研究者となるに違い
ありません。

　しなやかマインドセットを育てるような褒め方やフィードバッ
クを家庭で行うのは、言うほど簡単ではありません。練習と時間
も必要だし、親自身もしなやかマインドセットを持たなくてはな
りません。特に祖父母は要注意です！　次の図 3 は、親自身の
硬直マインドセット型の言い方を、しなやかマインドセット的な
言葉に言い換えるための練習です。図 4 には、よくある親の硬
直マインドセット的な言い方がまとめられています。この本を読
書会や、パートナーと一緒に読んでいる人は、それぞれの文につ
いて話し合って、できるだけたくさんの言い換え方を出し合って
みましょう（付録Aに言い換え方の提案が書かれています。必要なら
ちょっと覗いてみてもいいでしょう）。しなやかマインドセット的な

親自身の硬直マインドセットの言い換え方

　左の欄に、親であるあなたが自分について言いそうな硬直マインドセット的な言葉を書きました。これを、しなやかマインドセット的にするにはどう言い換えればいいかを、右の欄に一つ以上書きましょう。一つ目の例を参考にしてください。

硬直マインドセット的な言い方	しなやかマインドセット的な言い換え方
私は料理がめちゃくちゃ下手！	まだできない料理方法をネットで観ながら練習しよう
絶対にうまくできっこない	
植物を育てるのが得意だ	
それ（財政、ハイテク、料理など）はパートナーに任せている	
歳取ると新しいことは覚えられないよ	

図３：親自身の硬直マインドセットの言い換え方

親から子どもへの硬直マインドセットの言い換え方

　左の欄の、親が子どもに言いそうな硬直マインドセット的な言葉を、しなやかマインドセット的にどう言い換えればいいか、右の欄に一つ以上書きましょう。一つ目の例を参考にしてください。

硬直マインドセット的な言い方	しなやかマインドセット的に変える言い方
なんて賢いんでしょう！	どれほど努力したかがよくわかるよ！
お前は才能があるんだから、できるはずよ	
お父さんも算数は苦手だったよ	
うちの家族は○○がみんな苦手だよ	
あまり勉強しなくてもいいからラッキーだよ	
あなたは絵が得意。妹は作文が得意	
きみにとってはとても簡単だね。努力しなくてもできるよね	

図４：親から子どもへの硬直マインドセットの言い換え方

言い方を思いついたら、自分にこう尋ねてみましょう。

- この言い換え方は、具体的なフィードバックになっているだろうか？
- 子ども自身についてではなくて、子どもがしていることのプロセスに焦点を当てているだろうか？
- この言い方は、子どもの努力、勤勉さ、障害やチャレンジを乗り越えることの価値を親がいかに重視しているかということを強調しているだろうか？

第4章

脳の働きを
子どもに理解させましょう

「数の練習をしてると、脳神経が繋がっていくのが、わかるんだ！」

———オリヴィア（5歳）

　私たち著者は教育者として、ここ数年の間、アメリカ各地で子どもたち、教師、学校経営者、保護者といった人たちに、しなやかマインドセットのパワーについて講演をしてきました。講演した時間数は数えきれないほどです。話を聞いてくれる人たちが、マインドセットの研究の概念をしっかり理解し、それぞれ人の分野にマインドセットがどう役立つかを知ってもらえるよう努力してきました。聴衆として最も難しいのは教師で、それには理由があります。教師と教育に関する多くの専門会議に参加し、その時々の教育のトレンドの移り変わりを見てきています。その中にはピンとくるものも、生徒が何かを達成するために前向きなインパクトを与えられたものもあったでしょう。しかしその一方で、毎日の指導にはさほど役に立たなかったものもあるでしょう。ですから私たちの話を懐疑的な気持ちで聞きに来る先生がいても無理ありません。マインドセットの情報が「科学的に」どう裏付けられているかを知りたいと思うかもしれません。これと同じような懐疑心を 10 代の人も持つことがよくあります。大人に「粘り強くやりなさい！　しなやかマインドセットを持ちなさい！」などと言われるとなおさらです。私たちはこうした懐疑心を受け止め、しなやかマインドセットと硬直マインドセットに関する脳科学について喜んで説明をしてきました。脳の結合がどう「育つ」のかということや、神経可塑性のパワーについての基本的なことをみんなに理解してもらうことが重要だと考えるからです。難しそうだと思いますか？　でもご心配なく。この章であなたを苦し

めようというのではありませんから。人間の体の最も驚異的な器官へのすばらしい旅へ、ご一緒しようではありませんか！

神経科学基礎編

　脳は小さな器官ですが、大きさで判断してはなりません！　人間の大脳は半球という二つの球に分かれていて、どちらも複雑に折り重ねられた脳組織でできています。これを広げると、どちらも特大ピザぐらいの大きさになるのです（Nickel, 2014）。学習できるスペースがたっぷりありますね！

> 神経細胞が結合するシナプスが形成され、
> こうした結合部は練習と努力によって
> 強化されます

　簡単に言えば、学習とは神経細胞（ニューロン）と呼ばれる脳の細胞に、新しい結合（シナプスといいます）を作るプロセスです。すでにある細胞に変化を起こさせることもあります。人間は平均して1000億もの神経細胞を持っています（Nickel, 2014）。神経細胞は私たちが様々な感覚を通して取り入れた情報を処理するのに役立つ結合部を作ります。神経細胞が結合するとシナプスが形成され、こうした結合部は練習と努力によって強化されていきます。結合部が多ければ多いほど、脳の密度が高く、「頭がよくなる」のです（Ricci, 2013）。

　新しいことを学んでいるときに、神経細胞が細い糸で結合されていく様子を想像してみてください。学んだことを練習したり応用したりする度に、この細い糸がどんどん強くなり、学んだことがしっかり身につくのです。今はまだ弱くて細い糸でも、太くて強い縄のパワーを持つようになるのです。それまでに培った知識

や体験が、結合を強化するのを助けます。学習している間により多くの結合が作られれば、神経細胞の神経路が開発され強化されて、脳内で実際に変化が起きるのです。

　新しい神経路ができるのは、未踏の原始林を初めて歩くようなものです。何度も繰り返して道を歩けば、道を遮る障害や妨げが減っていき、次第にしっかりした道が切り開かれます。この新しい道こそが、学んだ概念を明確に理解することを表します（Ricci, 2013）。もしこの道が使われなくなったら（夏休みの間、読書をしなかったりして）結合部が弱く薄くなってしまいます。しかし、一度強くなった結合部は、復習や練習をすればまた強さを取り戻します。新学期の第1週目が前学期の復習にあてられることが多いのは、そのためです。

　以前、科学者たちは、私たちは加齢とともに脳細胞を失っていくと言っていましたが、そうではありません！　歳をとっても脳細胞は保たれています。ただ、結合部が弱くなることがあるのです。高齢の家族や友人に、身体的にも認知的にもアクティブでいることを勧めることが重要なのは、そういうわけなのです。

神経可塑性

　神経可塑性という言葉は、神経（脳）と可塑性（変化できること）という二つの言葉でできています。神経可塑性とは、脳の柔軟性と変わりやすい性質を指しています。神経細胞が結合したり、結合部分が強くなったり、逆に弱くなったりするときに、こうした変化が起きます。ここ数十年の間に、高度な画像装置が発達したので、科学者や医療専門家が神経細胞の結合を見ることができるようになりました。そして長い間に人間の脳にどのような変化が起こるかを研究することができるようになりました。新しいことを学んだり、練習に集中したり、熱心に努力したりして起きる

変化を観察することができるのです。私たちの脳は成長したり変化を遂げたりできる活動的な器官であることが科学によって説明されているのです。

脳が新しい方法に順応するための
カギとなるのが、神経可塑性なのです

　神経可塑性の例をちょっと見てみましょう。あなたが家に帰ってきたら、だれかが台所の棚の中のものを並べ直してしまっていました（これを喜ぶ人もいるかもしれませんが、最悪だと思う人もいるでしょう！）。トースターの上の棚には、あったはずの皿や器やコップの代わりにシリアルやクラッカーやスープやパスタが並んでいます。もっと調べてみると、お皿は皿洗い機のそばの棚にまとめられています。たとえ新しい収納法が理にかなっているものだとしても、あなたにとってはフラストレーションですよね！
はじめの数日間は、器を出そうとしてパスタの箱を取ってしまったり、シリアルの代わりにお皿を手にしてしまったり。あなたはこれまで「以前の」収納方法に慣れ親しんできました。そのように脳の練習をたくさん積んできたのです。台所で何かを探すという神経細胞の結合部は、とても強力になっていて、ほとんど自動的に行えるようになっていました。そこで変化が起きると、新しい収納場所を覚えるために、脳は新しい神経細胞の結合部を作って、古い方法の強力な結合部を少しずつ消していく努力をしていくのです。ありがたいことに、脳はたとえ古い方法が深くしみ込んでいても、新しい方法を学ぶ能力を持っているのです。「老犬にだって新しい芸を教える」ことができるのです！　脳が新しい方法に順応するためのカギとなるのが、神経可塑性です。何週間かたてば、あなたの脳は台所の新しい収納法に順応して、お皿の代わりにクラッカーの箱を取り出したりすることがなくなるで

しょう！

　さらには、神経可塑性は外傷から回復するのにも役立ちます。人が脳溢血のような損傷を脳に受けたとき、神経細胞の結合が壊れることがよくあります。しかし、脳溢血から回復すると、結合部の壊れた脳の部分にも、練習と繰り返しによってまた新しい結合部ができるのです。脳の半球を丸ごと取り除かなくてはならなかった人の、もう片側の脳の半球が損なわれた結合部を補うために新たな神経細胞の結合部を作り出したという例もあります。これも神経可塑性のおかげです。

　なぜ脳科学について知るのかというと、子どもが自分の体内の最も精巧な臓器について実際的な知識を持つことが重要だからからです。やる気が高まったり、新しいチャレンジを快く受け入れたり、失敗に健全に反応したりするようになることは、子どもが脳の働きを理解することから得られる恩恵のほんの一部でしかありません（Ricci, 2013）。新しいスキルを学んでいるとき、神経細胞が繋がっていく様子を子どもたちに想像してほしいのです。難しい課題に粘り強く取り組んでいるとき、神経細胞の結合部が太く強くなっていくところを思い浮かべてほしいのです。脳が成長できるということ、そして自分は「賢く」なれるのだということを知って、課題に取り組んでほしいのです。こうしたパワフルな情報を得ることによって全てが変わる子どもも多いのです。

> やる気が高まったり、新しいチャレンジを
> 快く受け入れたり、失敗に健全に反応したり
> するようになることは、子どもが脳の働きを
> 理解することから得られる恩恵のほんの一部
> でしかありません（Ricci, 2013）。

やる気を高め、挫折感を減らしましょう！

　キャロル・ドウェックと、彼女の同僚でスタンフォード大学研究者のカリ・チェスニエウスキは、2007 年にコロンビア大学のリサ・ブラックウェルと共同で、思春期の重要な過渡期にある子どもの学業にマインドセットがどう影響しているかを調べました。調査の対象としたのは中学 1 年生の数学です。数学を選んだのは、中学に入ると小学校時代よりも周囲の助けが減ること、そして数学の概念がより複雑で抽象的になるためです（思春期の子どもを持つ親ならだれでも、子どもの挫折感や癇癪についても多くのことを語れますよね！）。3 人の研究者はアンケート調査を行いました。そして、数学を学ぶことに対してしなやかなマインドセットを持つ生徒たちは、硬直マインドセットを持つ生徒よりも、1 年を通して数学の成績がよくなったことがわかりました。脳科学の面でさらに興味深いことには、自分の脳が成長したり変わったりできるということ（神経可塑性）に気持ちを向けることが、生徒のマインドセットに著しい影響を与え、究極的には動機も向上させていたことがわかりました。

> 新しいことや難しいことを覚えようとしているときに苦労をするのは普通のことであって、それは神経細胞の結合を強くしているのだということを理解させることは、子どもの態度や視点を変えさせる強力な方法です

　子どもが学校から帰ってきて勉強が難しいと挫折したり文句を言ったりするのを見ることほど、親にとってつらいことはありません。問題の原因がはっきりしないことも多く、日に日に子どもの不安と怒りが大きくなっていっても、親は、問題の原因が先生

にあるのか、子どもにあるのか、それとも両方にあるのかがわからないのです。勉強で苦労する子どもは、自分は「頭がよくない」からできないのだと思い込み、授業に参加しないようになって、「学校なんか大嫌い」とか「○○○（科目名）なんて大嫌い」と宣言するようになります。新しいことや難しいことを覚えようとしているときに苦労をするのは普通のことであって、それは神経細胞の結合を強くしているのだということを理解させることは、子どもの態度や視点を変えさせる強力な方法です。苦労の効果は「科学」で証明できるということを子どもに理解させる実際的な方法があるのです。

言葉のパワー

　第 3 章では、褒めたりフィードバックを与えたりするとき、親が重要だと思うことを子どもに伝えるためには言葉が非常に大きなパワーを持つことについて考えました。脳科学のことを話すときにも同じことが言えます。学習や努力について子どもに話すとき、カギとなる言葉を慎重に選べば、しなやかマインドセットについての強力なメッセージを伝えることができます。

　子どもは日常会話で脳という言葉をほとんど耳にすることがないというリサーチがあります（Corriveau, Pasquini, & Harris, 2005）。実際、脳という言葉を含んだフレーズをいくつ思い浮かべることができますか？　せいぜい大人が「頭を使いなさい」とか「帽子を頭にかぶりなさい」と頭について言うぐらいで、脳についての認識は小学低学年の年齢でも、考えや記憶や好みの入った「器」という程度で、脳の基本的な機能も、脳が何かを変えたり強化したりできるということも理解していないのです（Dalton & Bergenn, 2007）。たとえば、こんな具合です。

　8歳のヘンリーが食卓にノートを広げて算数の宿題をしています。問題を解くのにあまりにもたくさんのステップがありすぎてイライラしています。問題を解けないことで自分に対して腹を立てているのです。もう少しでエンピツを真っ二つに折りそうになったとき、お兄さんのチャーリーがやってきて隣に座りました。

　「ヘンリー、ずっとがんばっているじゃないか！　ずいぶん努力しているのがわかるよ」（お兄さんはしなやかマインドセット的な褒め方を心得ているようですね！）

　「でもまだ間違ってるんだ！　ステップが多すぎて、もううんざりだよ。1か所間違えただけで、答えが違っちゃうんだ。もう嫌だよ！」とヘンリーが叫びます。

　「でもねヘンリー、きみの脳は今新しいことを学んでいるんだよ。その途中で、間違えたりイライラすることもあるだろう。サッカーの練習も同じだよ。疲れていても走り続けなくてはならないけど、その度に足が強くなる。算数の問題に取り組む度に、脳の中に新しい繋がりができるんだ。そして難しい割り算ができるように努力すると、その繋がりがどんどん強くなる。もう一度問題を見てみようよ」

　お兄さんに助けられて、ヘンリーは問題にもう一度取り組んでみました。すると苦しみに新しい視点を向けることができました。お兄さんは、ヘンリーがすでに知っていることと、難しい割り算ができなくて挫折していることを結び付けながら、脳や脳神経の繋がりについて説明してくれたのです。サッカーの練習のとき、足の筋肉を強くしようとするときに、足が疲れたり少し痛くなったりすることがあるように、脳も新しいことを学ぶのに「疲れて少し痛く」なっているのだと。練習すれば足が強くなるのと同じ

ように、脳も苦労すると強くなるのです。それに、難しいことを達成しようとしているときは、苦しいのは普通だし、学習のプロセスでもあるというメッセージもヘンリーに伝わりました。

　先生が生徒たちに神経科学の基礎知識を教えるのは、すばらしいことです。子どもたちは神経細胞について、そして脳が新しい結合を作ったり、古いものでも強化することができるということを学ぶのです。私たちが訪れたクラスで、実に洞察力とユーモアに満ちた子どもたちの意見を聞くと心があたたまります。たとえば「ぼくの脳が育っているのが感じられるよ！」「私の神経細胞たちが伸びて繋がるように、新しいチャレンジをしてみるよ！」のように。中でも特に私たちのお気に入りは、幼稚園児のこんな言葉です。この子は神経可塑性の概念を理解しましたが、ニューロンという難しい科学用語がうまく言えなくて、「"にょろにょろ" が繋がって脳をえらくしてるよ！」。小学 3 年生のこんな意見も貴重です。「だから考えすぎると頭が痛くなるんだな！」

> 日常会話の中でシンプルな言葉をいくつか
> 使うだけで、脳の役割をよりはっきりと
> 力強く子どもたちに理解させることが
> できるのです

　幼稚園児の娘のことについてこんな話をしてくれた人がいます。その子どもは、あきらめずに努力し続けると神経結合が強くなるけど、神経結合を使わないでいると弱くなることを、幼稚園で教わってきました。ある土曜日の朝早く、お父さんが目を覚ますと、娘が両親の寝室の床で寝ていました。どうして自分の部屋のベッドで寝なかったのかと尋ねると、娘はたくさんの言い訳をしました。そんな言い訳を無駄だと思ったお父さんが、「もう（お父さんたちの部屋で寝るのは）あきらめなくちゃね」と言ったとき、娘が

こう答えました。「あきらめたらダメだよ！　だって、私の神経細胞さんたちが、繋がるのをやめちゃうもん！」と。

　子どもたちが、脳や神経細胞や結合といった言葉を使うのを聞くのはとてもうれしいことです。脳に何ができるかについて話すことは、とても不思議な脳という自分の体の一部分を、自分のものとして考えることができるということですから。自分の脳は見ることはできませんから、周囲から教えてもらうことで理解していくのです。日常会話の中でシンプルな言葉をいくつか使うだけで、脳の役割をよりはっきりと力強く子どもたちに理解させることができるのです。

　脳の働きと、新しいことを学びながら脳が育っていくことを子どもに確かに理解させる最良の方法は、毎日、折に触れて話すことです。図5の「脳に焦点を当てたフィードバックの仕方」では、よくある状況で、脳に焦点を当てた言葉を使って子どもに応えたりフィードバックを与えたりする方法を提案しています。

脳細胞と神経結合を視覚化する

　平均的な人間には、860億6000万（！）もの神経細胞があると最近の研究で推定されています（Harrigan & Commons, 2014）。1日を秒数にすると、8万6400秒になります。もし神経細胞を1日で数えようとしたら、1秒間に100万個以上の神経細胞を数えなくてはならないことになります（さあ、あなたの脳の神経細胞が繋がり始めて頭がちょっとかゆくなってきませんか？）。神経細胞のような抽象的なものを子どもに理解させるのは困難ですが、新しいことを学ぶための脳の働きと神経細胞のパワーについて子どもが学ぶために役立つ、重要なことだと思っています。

　簡単に言えば、神経細胞は図6のようにいくつかの部分から

脳に焦点を当てたフィードバックの仕方

状　況	脳に焦点を当てたフィードバック
裏庭でソフトボールの練習をしている娘が、ボールがうまく打てなくて挫折しています。	「新しいことや難しいことを覚えるときは、みんな練習しなくてはならないんだよ。バッティングの練習をする度に、きみの脳は、神経細胞の結合を強くしているんだ。努力を続けようね」
幼児が形合わせのはめこみパズルで、一生懸命に遊んでいます。	「上手だね！　脳が一生懸命働いてるんだね」
10代の子どもが明日の理科のテスト勉強をしています。	「脳がしっかりワークアウトしてるね！　今夜は、科学の神経細胞の結合がたくさんできてるね！」
高校生の子どもが、劇のセリフが多すぎて覚えられないので、劇に出るのをやめたいと言っています。	「確かに脳のストレッチだね。でもきっとできるよ。脳の記憶力がアップするよ。練習を手伝おうか」
子どもが学校からテストを持ち帰ってきました。間違いを直すのが宿題ですが、子どもは「時間の無駄だよ」と言います。	「間違いを直すことで成長するよ。正しい方法でスキルの練習をするだけで、脳を配線し直せるんだ。間違ったことを直すのは、役に立つことだよ」
大学生の子どもが、「自分は頭がよくないから！」生物学の専攻は難しすぎて無理だと言っています。	「課題のレベルに脳が順応する前に、あきらめない方がいいよ！　一時間勉強するごとに、神経細胞の結合が強化されて、学んでいることへの理解を深めているんだよ」

図5：脳に焦点を当てたフィードバックの仕方

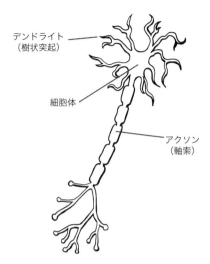

図 6：神経細胞
"Ready-To-Use Resources for Mindsets in the Classroom" (p.91) 著者 M. C. Ricci, 2015, Waco, Texas, Prufrock Press © 2015 by Prufrock Press より許可を得て転載

成っています。

　図 7 のように、手と腕で神経細胞をシンプルに表現することができます。優れた教育者として、そして著者としても知られるグルジアのマーシャ・テイト博士は、この方法で神経細胞を可視化して教育者向けの講演を行っていますが、これは子どもに教える場合にも役立つ方法です。手のひらが細胞体で、腕が軸索です。手の指は樹状突起となります。ほかの神経細胞と結合したいときは、樹状突起同士が結び付くのではなく、樹状突起と軸索が結合すると覚えましょう。

　神経細胞の基本的な三つのパーツがわかったら、ほかの方法でも表してみましょう。ワイヤーや粘土で神経細胞を作ったり、マーカーで描いたり、食べ物で作ったりできますよ。神経細胞がどんな形なのかを、子どもたちはクリエイティブに表現するのが大好きなのです。それにもっとおもしろいのは、自分の脳の中に

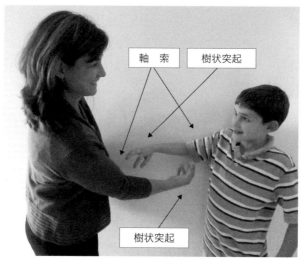

軸　索　　樹状突起

樹状突起

図 7：神経細胞の結合の仕方

どれほどたくさんの神経細胞が存在しているかを想像することで
す。神経細胞を作ったり、結合するところを絵などで表す方法は
無限にあります。

　アメリカ、メリーランド州フレドリック郡の、プライマリー・
タレント開発の教師であるアンジェラ・トマスはとても効果的な
脳の絵を作りました。トマス先生は、学期中に生徒たちに神経可
塑性を教えたので、夏休みの間も、子どもたちが自分たちの神経
細胞の結合を作ったり強化したりするのを記録してほしいと考え
ました。そこで、簡単な脳の絵を描いたワークシートを生徒たち
に渡して、何か新しいことを学んだり、練習したりして神経細胞
が結合したり強くなったりする様子を、想像して、色鉛筆やクレ
ヨンで、書き込むように指導したのです。初めてやったことはた
だ細い線で描き、練習したら線を太くしたり色を濃くしたりして
いきます。トマス先生は、新しいことを色分けして一覧表も作り、
自分の体験を色分けして記録するよう指導しました。神経細胞の

結合部につけるラベルには、「新しいこと」「努力したこと」「強くなったこと」というように子どもにわかりやすい言葉を使いました。このシンプルな図を夏休みの間、冷蔵庫や机の上に貼っておけば、新しいことに挑戦したり、努力をしたりすることを子どもたちは忘れません。脳の絵の裏には、自分のしたことのリストを書くようにしました。これは視覚的に効果的なだけでなく、長期にわたる子どもの成長のすばらしい記録にもなって、大切に保存することができます。子ども自身もこれを毎年、見直せるでしょう。

　子どもが新しいスキルを学んでいるときは、親が会話に「神経細胞の強い繋がり」や「まだ繋がっていない」というような言葉を取り入れることも、よい方法です。子どもがピアノの新しい弾き方で苦心していたら、神経細胞が繋がり始めたところだから、まだとても線が薄いのだと思い出させましょう。練習してうまくなってきたら、結合がどんどん強くなってきているけれど、「まだ」でき上がっていない、と言ってみましょう。図8、9、10のワークシートを使ってみましょう。

脳についての本やネットの情報

　子どもと一緒にもっと脳について学ぶのに、役立つ情報を次のページにまとめました。脳に関する情報や脳の働きについての事実に基づいた情報のリストもあります。これはとても大切な情報です。というのは、子ども向けの脳に関する本やネット情報では、楽しく読ませるために正確さより独創性を優先している部分もあるので、正確な情報が大切になります。

_____ の脳

新しいことをやり始めたり、もっとうまくなるために努力したときの、
つながりを絵に描きましょう。

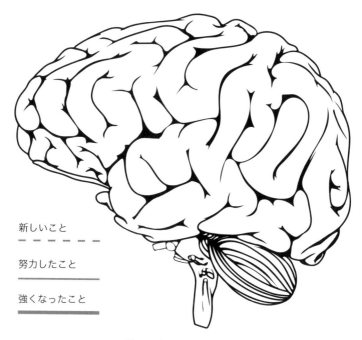

新しいこと

努力したこと

強くなったこと

図8：脳のワークシート

<u>　　　　ユナー　　　　</u>の脳

新しいことをやり始めたり、もっとうまくなるために努力したときの、
つながりを絵に描きましょう。

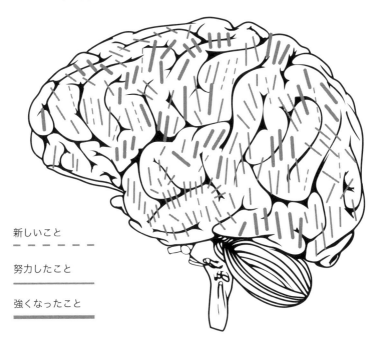

新しいこと

- - - - - - -

努力したこと
——————

強くなったこと
▬▬▬▬▬▬

2015年夏の新しいアクティビティ　　うまくなるために努力したこと
1. 木登り　　　　　　　　　　　1. 野球　　　　7. 海でスナガニ集め
2. マジックショーのボランティア　2. 魚釣り　　　8. 算数
3. LEGOでロボット作り　　　　　3. 水泳　　　　9. 書き方
4. ピクルス作り　　　　　　　　4. 花の手入れ　10. 文章問題
5. 素焼きの器の色塗り　　　　　5. ミニゴルフ　11. 本読み
6. トランプゲーム　　　　　　　6. バスケットボール
7. お父さんとジョギング

図9：完成した脳のワークシート（例）

89

私の強い神経細胞の結合と、「まだ」強くない結合

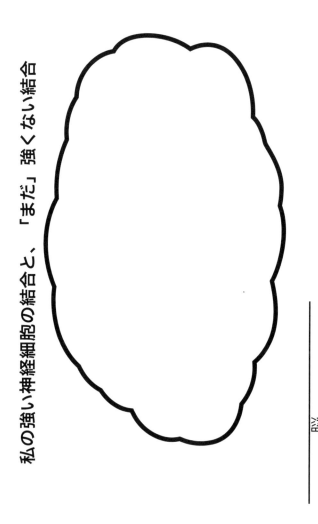

脳

図10：私の強い神経細胞の結合と、「まだ」強くない結合

My Strong and "Not Yet" Neural Connections. 出典："Ready-To-Use Resources for Mindsets in the Classroom (p.97) 著者M.C. Ricci; 2015, Waco, Texas, Prufrock Press © 2015 by Prufrock Press より許可を得て転載

第 5 章

子どもの粘り強さと
レジリエンシー（回復力）を育てるには？

「あきらめないよ。だってそのうちできるようになるから。がん
ばり続けるよ」

——モーガン（14 歳）

　まず、なぜ粘り強さとレジリエンシー（回復力）が必要なのか
をお話ししましょう。人が何かを達成するのは、およそ 75％は
心理社会的なスキルによるもの（これを非認知要素と呼ぶ研究者も
います）、そしてわずか 25％だけが生まれつきの知能や IQ による
ものだということは（Olszewski-Kubilius, 2013）あまり知られて
いません。心理社会的なスキルは、何かを達成するために全ての
子どもが身につけなくてはならないスキルです。子どもだけでな
く全ての人にとって必ず必要なものなのです。心理社会的なスキ
ルには、たとえば、粘り強さ、レジリエンシー（回復力）、グリッ
ト（やり抜く力）、決意、頑強さなどがあります。家庭内でしっか
りお手本を示して、目的意識を持って育てるべきものです。

> 人が何かを達成するのは、およそ 75％は
> 心理社会的なスキルによるもの（これを
> 非認知要素と呼ぶ研究者もいます）、そして
> わずか 25％だけが生まれつきの知能や
> IQ によるものです（Olszewski-Kubilius, 2013）

　アメリカ合衆国教育省の報告書（2013）「やり抜く力、頑強さ、
粘り強さの推進：21 世紀の成功のための重要要素」では、「長期
にわたる高い目標に向かって努力し達成するため、そして学生時
代や人生における様々な困難や障害に耐えるためには、ある特定
の要素が個人に備わっていることが必須である」と述べられてい

ます（段落V.）。さらに報告書では、子どもが粘り強さを身につけるためには、次の三つのことを認識する必要があると指摘しています。

- 学業におけるマインドセット：自分をどんな学習者と見なすかということです。報告書では次のように述べられています。

  マインドセットが一般的に学業に大きな影響を与えるという注目すべき証拠がある。特に困難に面したときに生徒がどのように行動し遂行するかに大きな影響を与えるものである。忍耐力を支える核となるマインドセットを、しなやかマインドセットと呼ぶ（U.S. Department of Education, 2013, p.viii）。
- 努力のコントロール：長期的な目標に向かうとき、注意力を保ち、動機を持ち続けること。
- 作戦と方策：粘り強い人は、挫折に立ち向かう特定の作戦を持っています。報告書には、子どもに「責任感と率先力を持つため、そして、不確かな状況でも生産的であるために、実行に移せるスキルを持つことが必要だ。たとえば、作業の意味を明確にし、計画を立て、モニタリングし、行動を変更し、特定の障害に対処することである」と記されています（U.S. Department of Education, 2013, p.viii）。

　しなやかマインドセットの家庭環境を作るには、家に住む人全員が、粘り強さやレジリエンシーや、グリットに必要なスキルと方法を身につける努力をすることが基本となります。こうしたスキルを支え、強化し、お手本を示していくことが、子どものしなやかマインドセットを育てる強力な方法なのです。
　レジリエンシーとは、挫折から回復する力です。挫折すること

があまりなければ、レジリエンシーがなかなか育ちません。子どもの成績が上がるように親が宿題を手伝うのは、子どものレジリエンシーを育てる助けにはなりません。勉強が簡単すぎて苦労がないと、なかなかレジリエンシーが育たないのです。やりがいを感じることのない子どもは、いともたやすく学校生活を送れるようですが、初めて（たとえば大学に入って初めて）つまずいたときに、くじけてしまいます。子どもが転ぶ前に支えてしまうと、レジリエンシーが構築されません。苦労は悪いことではないのです。建設的な苦労はレジリエンシーを育てるのに貢献します（ちなみに、ただぼんやりと楽器や宿題を眺めているのは、建設的な苦労とは言えませんよ）。私たちは、生涯役立つレジリエンシーを育てるために、あえて子どもに苦労をさせるべきなのです。

> 苦労は悪いことではないのです。
> 建設的な苦労はレジリエンシーを育てるのに
> 貢献します

グリット（やり抜く力）とは何でしょう？

　シリアルの一種の「グリッツ」や、昔のカウボーイ映画のタイトルではありませんよ。グリットとは、とても長期的な目標に向かって努力を保つ能力のことです。粘り強さに栄養ドリンクをプラスしたようなものです。でもちょっと考えてみましょう。4歳児にとっての長期的な目標とは、いったい何でしょうか？　ボールを投げたりキャッチしたり、はさみを使ったり、積み木を組み立てたり、といったことかもしれません。子どもの年齢によって、何が長期的かは違います。大きくなるにつれて、スポーツのスキルの改善や、アルバイトでお小遣いをかせぐことや、楽器演奏が上達することなどに変わっていくでしょう。グリットは長期にわ

たって「やり続けること」なのです。

> グリットとは、とても長期的な目標に
> 向かって努力を保つ能力のことです

　自分にどれだけグリットの力があるか、調べてみたいと思いませんか？　アンジェラ・ダックワースのグリットスケールという方法があります。大人用の 12 スケール、子ども用には 8 スケールがあって、中国語、フランス語、ドイツ語にも訳されています。このスケールで大人も子どもも、自分にどれほどグリットがあるか見当がつきます。もしあなたや子どものグリットのスコアが低ければ、作業やパフォーマンスやプロジェクトがあまりうまくできなかったり、目標を達せられなかったときに、あきらめずに目標に固執し続ける力を伸ばす努力を意識的にするようにしましょう。前向きに努力を続ける長期目標を定めましょう。もしかしたらピアノを習いたいとずっと思っていたかもしれません。ブログや本を書きたいとか、有名な料理人ジュリア・チャイルドのフランス料理本の全レシピを作ってみたいとか（おっと、これはすでにだれかが達成していました！　でも、いいのです。あなたが、まだやっていなければ、やってみましょう！）、長期的目標に向かうときは、勤勉に努力しましょう。友人や家族に、生涯を通じて粘り強さとグリットを持ち続けた人がいれば、そのコツを聞いてみましょう。

　グリットを保つことが有効と言えないような状況もあります。たとえば目標が人のため（たとえば先生や上司のため）で、自分にとって重要なわけでも価値のあることでもない場合は、ストレスや不安を起こす可能性があります。子どもが成長していくとき、グリットの練習ができるように、私たちは親として子どもが長い期間、目標をあきらめずに努力し続けるよう励ましましょう。勉強でなくてもいいのです。何かを集めたり、楽器を演奏したり、

ボランティア活動をしたりといった、勉強以外のことだっていいのです。

なぜ失敗が重要なのでしょう？

　子どもが失敗するのを見るのはいつだって辛いものです。特に子どもが大きな努力を払ったことならなおさらです。テスト勉強やレポートを一生懸命にしたり、何かを熱心に練習して、失敗してしまったときのことを思い出してみましょう。しかし失敗は、実はよいことだと言えるのです。我々は失敗を通して最も学ぶことができるのですから。

　子どもが初めて歩いたときのことを覚えていますか？　きっと何度も何度も、ぐらついたり、つまずいたり、転んだりしたことでしょう。でもそれが歩くことを学ぶためのプロセスだと親にはわかっていましたよね。もちろん、手を繋いだり、靴が足に合っているようにしたり、といった手助けはしたでしょう。ソファから椅子までというような短いゴールを決めたりもしたでしょう。でも、転ぶことをいつだって、あなたは許してきたはずです。子どもはいろいろな方法や練習を、粘り強くして歩くことを覚えたのです。歩けるようになるまでには、いろいろな困難や障害があったことでしょう。たとえばおもちゃがじゃまになったり、新しい靴が重すぎたり、ソファから椅子までが遠すぎたり……でも、子どもは転ぶ度にまた立ち上がったのではありませんか？　それがレジリエンシーです。しなやかマインドセットなのです！マーラ・フレージー著のWalk On! A Guide for Babies of All Ages（さあ歩き続けよう！　全ての年齢の赤ん坊たちへ）というすてきな絵本があります。初めて何かを学ぶときのすばらしいメタファーです。支えてもらい、ぐらぐらするものに注意を払い、しっかりつかんで立ち上がり、バランスを取って、きちんと呼吸

して、目標をしっかり見極めるということの書かれた絵本です。

　ディズニー映画Meet the Robinsons（邦題『ルイスと未来泥棒』）の中に、登場人物ルイスがピーナッツバターとジェリーを合わせた商品を発明しようとして失敗する話が出てきます。ルイスが両手で顔を覆って失敗をわびたとき、大人たちはうれしそうに叫びました。「失敗はいいことだよ！　失敗からこそいろいろなことが学べるんだよ。成功からはあまり学べないからね」と。しなやかマインドセット的な考え方の例として、ぜひ子どもに見せたいシーンです。

　失敗は全て学ぶ機会だということを、子どもが意識するようになれば、失敗に新しい方法で立ち向かい、もっと努力できるようになります。もし子どもが、どんな失敗も生まれつきや遺伝のせいだと思い込んでしまうと、失敗すればもう努力をしないようになるでしょう。そして、「理科が苦手」「外国語なんて絶対無理」「また試しても同じことだ」と言うようになるかもしれません（Ricci, 2013）。

> 失敗は全て学ぶ機会だということを、
> 子どもが意識するようになれば、
> 失敗に新しい方法で向かうことができ、
> もっと努力できるようになります

　アメリカ、カリフォルニア州のピッザー大学の入学試験事務局長のアンジェル・ペレズは、入学を希望する学生に「大学で一番したいことは何ですか？」と尋ねています。あるとき、「失敗するのを楽しみにしています」と答えた学生がいて、彼はとても驚いたと言います。その生徒は、「今まで親がいつも私が失敗しないようにしてきました。難しいクラスを取ったり、うまくできそうもないアクティビティをすれば、よい大学に入るのに不利にな

ると言われてきたのです」と言うのです (Perez, 2012, p.2)。子
どもの失敗を防ぐために、できるだけのことをしようとする親は、
実は子どもにとって逆効果なことをしています。子どもがレジリ
エンシーを身につけるのを妨げているのです。

　失敗を喜んで受け止めるのは容易なことではありません。しか
し脳科学の基本がわかっていれば（第４章）なぜ失敗が学習に
とって重要かが理解できるでしょう。神経可塑性について、そし
て学習しているときに脳で何が起きているかを理解し会得した子
どもは、挫折しても、建設的に対処することができるのです。さ
らに、習得の努力への動機も高まり、忍耐力と粘り強さを保って
達成できる場合もあるでしょう (Ricci, 2013)。

　喜んで前向きに学習に取り組み、困難にも張り切って立ち向か
う子どももいます。失敗するかもしれない、何度も失敗を繰り返
すかもしれないとわかっていても、リスクを冒しても、自分を最
大限に伸ばそうとするのです。一方で、困難を恐れ、失敗を怖が
り、あまり努力もせずにあきらめてしまう子どももいます。私た
ちは、間違いや失敗を受け入れ、新しい方法や集中力によって困
難に立ち向かえるように、子どもたちが反省したり、考え直した
りできる雰囲気を家庭内に作っていかなくてはなりません。

　「ヘリコプター・ペアレント」という言葉を聞いたことがあり
ませんか？　まるでヘリコプターのように子どもの上を旋回して、
子どもの行動を微に入り細に入り管理し、子どもが失敗する機会
を減らしてしまっている親のことです。ヘリコプター・ペアレン
トは子どもの独立心を阻み、子どもが大きな挫折感を味わったり、
失敗をしたりする可能性を減らしてしまっているのです。失敗か
ら学ぶことは、しなやかマインドセットを育てるだけでなく、子
どもが将来出くわすであろう困難に対処する力をつけるためにも、
なくてはならないことだからです。

　元スタンフォードの学部長だったジュリー・リスコット・ハイ

ムスは、著書How to Raise an Adult: Break Free of Overpar-enting Trap and Prepare Your Kid for Success（2015）（大人の育て方：過保護の罠にはまらずに子どもが成功できるように育てる方法）の中で、子どもに苦労や失敗をする機会を与えないことは実際には害になると、次のように述べています。

「子どもから苦労や粘り強く学習する機会を奪い、全てのことで一番になるための準備に集中し、子どもがいかに優れているかと褒めることこそが、親の善意が害になるよい例です。子どもが転んだり失敗したりしないように『護る』ことが子どもを傷つけることになるなんて、親は気づかないかもしれませんが、実際には害になることがあるのです。成功することは、親切でよい人間になること、最終的に勝っても負けてもしっかり努力をすることだと定義し直すべきでしょう。思い通りにならないことに対処できるように、子どもがレジリエンシーを身につける手助けを親はするべきなのです」（Lythcott-Haims, 2015, p.230）

> 私たちは、間違いや失敗を受け入れ、新しい方法や集中力によって困難なことに立ち向かえるように、子どもたちが反省したり、考え直したりできるような雰囲気を家庭内に作っていかなくてはなりません

The Gift of Failure: 50 Tips for Teaching Students How to Fail Well（Chesser, 2013; http://www.opencolleges.edu.au/informed/features/the-gift-of-failure-50-tips-for-teaching-students-how-to-fail（失敗という贈り物：生徒が上手に失敗できるように教えるための50のヒント））は、生徒に失敗する方法を教えるためのヒントです。そのうちの主なものを紹介しましょう。

- 責任を持つことを教えよう
- やり直すことを教えよう（私はこう付け加えます：いつやり直せばよいかを自分で評価できるように教えよう。行き詰まってすぐにやり直すのでは、グリットもレジリエンシーも育ちません）
- 好奇心を育てよう
- 泣いたり、泣き言や文句を言ったりさせよう（私は、「時々」と付け加えます）。
- 思いやりを教えよう
- 謙遜する気持ちを重視しよう

失敗による発明

はじめの目的ではなく、その経過の間違いや失敗が結果として成功に導くこともあります。これはぜひ子どもに教えたい概念の一つです。

"10 Accidental Inventions"（https://www.youtube.com/watch?v=IqArHwtvE9Y（失敗から生まれた10の発明））という12歳以上向けの動画を見て話し合ってみましょう。私たちが普段食べたり使ったりしているもので、失敗によって発明されたもの、たとえば棒つきアイスキャンデー、テフロン加工、スリンキー（バネ状のおもちゃ）、ペニシリンなどが紹介されています。

5歳以上向けの、"5 Everyday Things Invented by Accident"（https://www.youtube.com/watch?v=w0f0tcqjQP8（失敗から生まれた五つの身の回りのもの））もよい話し合いの材料になります。

ほかにも失敗によって発明されたものがないか、話し合ってみましょう。こんなものもありますよ。

- 食べ物：ウィティーズ（朝食用シリアル）、サッカリン、

コーンフレーク、ポテトチップス、チョコチップクッキー、シャンパン、アイスクリームコーン、ナチョス、豆腐、チーズパフ、コカ・コーラ、棒つきアイスキャンデー、など
- おもちゃ：シリーパティ、フリスビー、プレードウ、スリンキーなど
- 日用品：マッチ、電子レンジ、マジックテープ、瞬間接着剤、テフロン、プラスチック、付箋など
- 医療関係：ペニシリン、ペースメーカー、エックス線など

シャーロッテ・ジョーンズの著書Mistakes That Worked: 40 Familiar Inventions and How They Came To Be（成功した失敗：身の回りの40の発明と成功までの過程）は、何歳の子どもにも相応しい本です。40日間、車で移動しているときや食事のときに、毎日一つずつ失敗について話し合っていけば、失敗の持つ価値についての考えが、毎日の家庭生活の中に根付いていくでしょう。

子どもの失敗への反応の仕方を変えましょう

子どもが失敗を自分の弱さや能力のなさだと見なすと、それがさらに失敗に繋がっていくことがあります。そして失敗を恐れて少しも難しくなさそうなことさえ避けるようになります。しかし、もし子どもが自分の失敗や間違いを、注意すべきことのフィードバックや見直すべきところを学ぶ方法だと認識できれば、努力や粘り強さや助け（自分から求める助け）によって、学習できるとうになるんだという、根本的なことがわかるようになるでしょう。子どもが失敗から学ぶのを助けるアイディアをいくつか紹介しましょう。

- 間違いや、うまくいかなかった箇所について子どもが興味を持つようにしむけましょう。失敗は成功への大切なステップだと教えましょう。そしてお手本を見せましょう！
- マイケル・ジョーダンのナイキのコマーシャル（30秒）を見せて、最後の言葉の持つ意味について話し合ってみましょう（https://www.youtube.com/watch?v=45mMioJ5szc）。［訳注：「ぼくは9000ものショットをミスした。300もの試合に負けた。ぼくのシュートが勝敗を左右する場面で26回もシュートをミスした。人生で何度も何度も繰り返し失敗してきた。そのおかげでぼくは成功したんだ」というセリフのCMです］
- 少し難しいパズルやゲームを子どもに与えてみましょう。一緒にやってみて、なぜ苦労することが学習やレジリエンシーに繋がるのかを教えましょう。
- 間違いや失敗から回復する力、レジリエンシーのお手本を示して奨励しましょう。
- テレビや映画を子どもと一緒に見ているときは、失敗から学習できない登場人物について話し合いましょう。もしその人が失敗から学べていたら、状況や物語がどう変わったと思いますか？（逆の場合も考えてみましょう）
- 親自身のしなやかマインドセットについて話すときは具体的に。たとえば「お母さんが仕事でミスをしたとき、上司がとても建設的なフィードバックをしてくれたのよ。おかげで新しい方法を試すことができてよかったわ」のように。

　次の人々は、人生において、失敗や挫折を乗り越えたり、挫折から学んだり、しなやかマインドセットを身につけたりした人たちです。

　アーティスト：Stevie Wonder、Demi Lovato、Elvis Pres-

郵便はがき

101-8796

537

料金受取人払郵便

神田局
承認

7451

差出有効期間
2021年7月
31日まで

切手を貼らずに
お出し下さい。

【 受 取 人 】

東京都千代田区外神田6-9-5

株式会社 **明石書店** 読者通信係 行

‖‖‖·‖‖‖‖‖‖‖‖‖‖‖‖‖‖‖‖‖‖‖‖‖‖‖‖‖‖‖‖‖

お買い上げ、ありがとうございました。
今後の出版物の参考といたしたく、ご記入、ご投函いただければ幸いに存じます。

ふりがな		年齢	性別
お名前			

ご住所 〒   -

TEL	(	)	FAX	(	)

メールアドレス	ご職業（または学校名）

*図書目録のご希望	*ジャンル別などのご案内（不定期）のご希望
□ある	□ある：ジャンル（ ）
□ない	□ない

書籍のタイトル

◆本書を何でお知りになりましたか？
　　　□新聞・雑誌の広告……掲載紙誌名[　　　　　　　　　　　　　　　　　　]
　　　□書評・紹介記事……掲載紙誌名[　　　　　　　　　　　　　　　　　　　]
　　　□店頭で　　　□知人のすすめ　　　□弊社からの案内　　　□弊社ホームページ
　　　□ネット書店 [　　　　　　　　　　　] □その他[　　　　　　　　　　　]
◆本書についてのご意見・ご感想
　　■定　　　価　　　□安い（満足）　　　□ほどほど　　　□高い（不満）
　　■カバーデザイン　□良い　　　　　　　□ふつう　　　　□悪い・ふさわしくない
　　■内　　　容　　　□良い　　　　　　　□ふつう　　　　□期待はずれ
　　■その他お気づきの点、ご質問、ご感想など、ご自由にお書き下さい。

◆本書をお買い上げの書店
　　[　　　　　　　　市・区・町・村　　　　　　　　書店　　　　　　店]
◆今後どのような書籍をお望みですか？
　　今関心をお持ちのテーマ・人・ジャンル、また翻訳希望の本など、何でもお書き下さい。

◆ご購読紙　(1)朝日　(2)読売　(3)毎日　(4)日経　(5)その他[　　　　　　新聞]
◆定期ご購読の雑誌 [　　　　　　　　　　　　　　　　　　　　　　　　　　]

ご協力ありがとうございました。
ご意見などを弊社ホームページなどでご紹介させていただくことがあります。　□諾　□否

◆ご 注 文 書◆　このハガキで弊社刊行物をご注文いただけます。
　　□ご指定の書店でお受取り……下欄に書店名と所在地域、わかれば電話番号をご記入下さい。
　　□代金引換郵便にてお受取り…送料＋手数料として300円かかります（表記ご住所宛のみ）。

書名	
	冊
書名	
	冊

ご指定の書店・支店名	書店の所在地域	
	都・道 府・県	市・区 町・村
	書店の電話番号 （　　　）	

ley、Jennifer Lopez、Beethoven、The Beatles、Vincent Van Gogh、Eminem、Fred Astaire、Ed Sheeran

ビジネスマン、ビジネスウーマン：Bill Gates、Simon Cowell、Oprah Winfrey、Soichiro Honda、James Dyson、Martha Stewart、R. H. Macy、Colonel Sanders、Mark Cuban、Steve Jobs

作家：Jack London、Louisa May Alcott、Agatha Christie、John Grisham、J. K. Rowling

ほかにも失敗から学んだ例を下記のリンクから見ることができます。

- 失敗から学ぶ：なぜ子どもに失敗させるべきか（http://www.brighthorizons.com/family-resources/e-family-news/2013-the-importance-of-mistakes-helping-children-learn-from-failure/#st hash.3YgWwMli.dpuf）—— この記事では、子どもにリスクの可能性のある行動を取ることを促したり、失敗から学ばせたりするための案をいくつか親に提供しています。
- 子どもに失敗から学ばせよう（http://www.thenownews.com/community/allow-your-children-to-learn from-failure-1.1386910）—— この動画で子育てのコラムニストキャシー・リンは、失敗は子どもにとって悪い体験ではないと説明しています。
- 子どもはどのようにして失敗から学ぶのか（http://www.enannysource.com/blog/index.php/2014/01/22/how-children-learn-fromfailure）—— これは、親と、子どもの世話をする人の両方のために書かれた記事で、子どもが失敗したときにできることがリストアップされています。

　私たちの多くは、子どもの宿題やアートの課題を手伝ったり、初めてのクッキー作りやチェスゲームやスクラップブック作りなどに手を貸したりしたくなるものです。子どもに成功してほしいからです。でも私たちが手助けをするべきなのは、子どもがしなやかマインドセットを身につけること、そして独立心のある自主的な子どもになることです。あまり早く、頻繁に干渉して手助けをするのは、よいことではありません。時々私たちは、子どものパフォーマンスで親が恥ずかしい思いをしたくないという動機で、子どもを助けようとする場合があります。特にそれが、スペリング大会や作文コンテストや、大きなスポーツ試合や、クラスに貼りだすステッカー表のように、みんなに見えるものだとなおさらです。この次、こんな気持ちが起きたら、立ち止まって深呼吸してみましょう。子どもが試したり、苦労したり、作り出したり、問題を解決したり、粘り強くがんばったり、そして、そうです、時には失敗すらできる機会を与えてあげましょう。

第6章

学校での
マインドセット

「オールＡを取るようにとプレッシャーをかけないでほしい。もしＢを取ってもいいのなら、もっとチャレンジできる授業を取ってみたいんだ」

——アダム（16歳）

　しなやかマインドセットを、当然のことのように受け入れてきた人も多くいます。**硬直マインドセット**や**しなやかマインドセット**という言葉が登場するずっと前から、子どもの努力と粘り強さを、結果よりも重んじてきた親もいます。しかしそこで私たちが直面する難題は、学校が同じように考えていないということです。学校の教育の手法や方針の多くは、しなやかマインドセットと相容れないことが多いのです。授業の方針も、「浮くものは浮く、沈むものは沈む」という考え方に帰していて、失敗を学習のプロセスの一部だとは見なしてくれません。成功や失敗ということについて、しなやかマインドセットの概念を信じない教師やカウンセラーや学校経営者もいることでしょう。しかし一方で、しなやかマインドセットの環境を作ろうとし始めている学校もたくさんあります。もちろん学校区の方針が凝り固まっていて、学校がそれに従わなくてはならない場合もあるでしょう。

　あなたの子どもの学校の、職員や経営者がしなやかマインドセットの環境作りをしているなら、それはすばらしいことです！あなたがこの本を読んでいるのは、学校に薦められたからかもしれません。でも、しなやかマインドセットの環境作りをしていない学校に提案したいのなら、どうすればよいか、その方法を探ってみましょう。

学校にしなやかマインドセットを 取り入れるための要素

学校がしなやかマインドセットの環境を作るためには、次の四つの要素を取り入れることが重要です（Ricci, 2015）。

● 上級クラスへ上がる公平なシステムを作る
● 粘り強さ、レジリエンシー、グリットのような心理社会的スキルを育てる努力をする
● 生徒に脳の神経の繋がりについて理解させる
● しなやかマインドセットを用いたフィードバックと褒め方を取り入れる

> 生徒にとって勉強が簡単すぎると、しなやかマインドセットの育つ機会が減少します

これらは、学校がしなやかマインドセットの環境作りをしようとする場合に定める目標の要素となるものです。安全で安定した学習環境には、この4要素が欠かせません。「安全と安定」とは、単なる身体の安全ではありません。生徒も大人も、安心して新しいことを試したり、難しいことにチャレンジしたり、成功への過程で失敗にもぶつかっていけるような環境のことなのです。さらには、学習環境は知的な冒険の機会に満ちていなくてはなりません。そして、難しく厳しい教育とカリキュラムへのアクセスが開かれていることも必要です。生徒にとって勉強が簡単すぎると、しなやかマインドセットの育つ機会が減少します。親にとっての大切な要素は、一つ目の、**「上級クラスへ上がる公平なシステムがある」** ことです。子どもへの期待が低すぎたり、教師の考え方が硬直マインドセット的であるため、子どもがより高いレベルの

授業を受ける機会が与えられていないと感じたら、学校と話し合うべきです。たとえば、学校から帰ってきた小学生の子ども（ここではキアラと呼びましょう）が、レベルの高い算数の問題をさせてもらえないとお母さんに訴えたとしましょう。クラスメートのうち何人かは、高レベルの問題をさせてもらっていますが、キアラは「ギフテッド（才能がある）」の認定を受けていないので、させてもらえなかったと言うのです（これは、実際によくあることです）［訳注：ギフテッド教育は、主にアメリカで行われている英才教育］。努力して算数のスキルを上達させるためにも、キアラにとって高レベルの算数は必要です。しかし、学校の方針では、全ての分野において優秀で平均以上の成績を収めている子どもしか「ギフテッド」とは見なしてくれません。こんなとき、学校のやり方について明確に尋ねたり、それを見直してもらったりするために、質問をしてみるとよいでしょう。まずは担任の先生にこんな風に話しかけてみましょう。

- キアラが、難易度の高い算数をしているグループ（強化グループ）に入ってがんばってみたいと言っていますが、その強化グループでキアラはやっていけるでしょうか？ 先生はどう思いますか？ それは、なぜですか？
- キアラは算数の概念がすぐに理解できるし、問題を解くまであきらめません。先生もそれに気づかれましたか？
- 先生も、キアラは強化グループに入る必要があると思いますか？ そのためには、どうすればよいでしょう？

もし先生が、キアラが「ギフテッド」かどうかの査定を受け直すまで待つべきだと言ったら、それはしなやかマインドセット的なチョイスではありませんね。キアラが必要としている指導を、今すぐ受けさせることが最も重要なのです。「ギフテッド」とは

子どもの一面のスナップ写真のようなものでしかありません。キアラが必要としている指導を受けるのに、「ギフテッド」と認定される必要はありません。規定や査定の方針が厳しい場合は、試しに一時的にでも強化グループに入れてもらえないか聞いてみましょう。「ギフテッド」認定には国としてのスタンダードやプロセスはありません。一人の子どもが、二つの学校区に同時に所属してその片方だけでギフテッドと見なされることだって可能なのです。親にとって、「ギフテッド」のラベルよりも、キアラの求める算数の指導が与えられることの方が重要なのだと学校に伝えましょう。もし学校がしなやかマインドセットの方向へ向かっているのなら、ラベルのあるなしが、生徒のグループ分けの妨げになるはずはありません。

　しかし、もしかしたらキアラは今のクラスのままの方がよいのかもしれません。そこで先生がちゃんと生徒たちを観察して査定してくれているのかもしれません。今回あなたが先生と話したことによって、キアラにやりがいのある問題を与えてくれるようになるかもしれません。教師がその生徒の知能をどう見るかによって、高レベルの学習をさせてもらえない場合もありますし（これは硬直マインドセットです）、生徒が高いレベルの指導を受けられるような、クラス分けのシステムを取っていない先生もいるでしょう。こうした場合、先生との面談で知能の柔軟性やしなやかマインドセットの概念を伝えようとするのは、さらに困難になります。通常教師との面談でこうした会話は交わされませんから。しかし、次のように先生に話しかけてみるとよいかもしれません。

- クリストファーは難しい問題の方が学習意欲が出るようです
- クリティカルシンキング（批判的思考）が必要な作業の方が、クリストファーは得意なようです。先生はどう思われ

ますか？
- クリストファーはチャレンジするのが大好きです
- チャレンジに立ち向かう方が、クリストファーはやりがい
  を感じるようです
- クリストファーがもっと高いレベルの課題を与えてもらう
  には、どうすればいいですか？

子どもがやりがいを感じていないければ、レジリエンシーやグ
リットのような大切な心理社会的スキルの育ちようがありません。
能力グループに分けられたり、成績をつけられたりすることで、
子どもたちは自分の知能と学習の可能性について硬直マインド
セット的な視点を持つようになることがよくあります。
　そんなとき、まず担任の先生と、あなたの子どものパフォーマ
ンス（できばえ）について話をすることをお勧めします。こんな
風に話してみてはどうですか？

- **常にポジティブなことから話しましょう。** 子どもが先生の
  授業で何が好きなのかを伝えましょう。「ベラは先生が本
  を読み聞かせてくれるのが大好きです。生き生きしていて
  魅力的だと言っています。おかげでベラは読書に興味を持
  つようになりました」
- **家庭で何が最も効果的かを話しましょう。** レジリエンシー
  や動機や努力といったことについても、先生に話しましょ
  う。できるだけ具体的に、子どものパフォーマンス（でき
  ばえ）が上がるように家庭で行っていることについて説明
  しましょう。「ベラが宿題をしているとき、粘り強くがん
  ばっていることを褒めると、とても効果があるようです」
- **効果のないことについても伝えましょう。** このときにも、
  あなたが伝えたいと思っている要点を忘れずに話しましょ

う。「やり方や努力ではなくて、点数や成績についての意見や提案にはベラはあまり耳を貸しません」

● **先生と協力体制を作りましょう。** 先生のやり方とあなた自身の考えを取り入れた実践計画に、先生にも協力してもらいましょう（子どものために最もよいと双方が思う考えを取り入れましょう）。「学校でも家でも同じ言い方をベラにするのがベストですし、ベラも最大の努力をするようになるでしょう」

　こうした話し方をすれば、特にしなやかマインドセットや硬直マインドセットという言葉を使わなくても、しなやかマインドセットについて基本的なことを伝えられるでしょう。相手の信条を変えることはできません。あなたにできるのは、相手が自分の信条や期待を見直す方法を提供することだけです。教師がしなやかマインドセットの考え方を持っていなくても、褒め方を変えるだけで、しなやかマインドセットへの小さな貢献にはなります（Ricci, 2013）。

　親が学校や教師にどれほどの情報を与えるべきかは、学校側がどれほどオープンな考え方をするかによります。少なくとも、たとえば「マインドセットと教育に関するとても興味深い本／記事を見つけました。先生もご関心があるかもしれません」（Mindsets in the Classroom, Mary Cay Ricciからの引用と思われる）と校長室に立ち寄って言ってみたり、教師や学校経営者へメールで送ってみてもよいでしょう。それから、資料やウェブサイトへのリンクをメールで送ってもよいでしょう。

　しかし、いつも計画通りにいくとは限りません。たとえば、子どもが理科のクラスで以前嫌な思いをしたので、もう理科でよい成績を取ることができないと言っていると、面談のときに母親が先生に伝えたとしましょう（彼女の子どもは、以前、別の先生に、

「あなたは理科には向いてないね」と言われたことがあるのです）。もちろん、ここで母親が期待したのは、先生が娘にポジティブなことを言ったり、できるかぎり助けたり、娘の努力を褒めたりすると約束してくれることでした。でも先生の反応は、ただ「はあ」だけでした。

「はあ」だけですよ？

そこで母親は先生にしなやかマインドセットについて話し始めましたが、まったくの一方通行でした。そこで母親は、自分の力だけでやろうと決心しました。娘にしなやかマインドセットと粘り強さを持つように、そして脳は柔軟だからもっと賢くなれるのだと、娘に思い出させることに最大の努力を注ぐことにしたのです！　この母親はこれまでにも何度も何度も、しなやかマインドセットのことを娘に話してきましたが、そのときは理科のことについてだけでした。このとき母親は、子どもに対して学校でも家庭でも同じ言い方をすることが最も重要だということに気づきました。子どもによっては、親から言われるだけでは十分ではないのです。子どもは、親からだけでなく先生からも信じてもらわなければならないのです。

もう一つここでわかったことは、12歳児に同じことを嫌気が差すほど繰り返して言い続けると、「もう耳にタコができたよ。ちっとも役に立たないし」と拒否されてしまうのです。後から考えるに、もう一度先生に面談を申し込み（マインドセットの研究資料を手にして）、脳の柔軟性を最後にもう一度伝え、先生に娘の理科の「努力」を褒めるように話すべきだったのでしょう。

しなやかマインドセットや知能の柔軟性の研究をまったく「信用」してもらえないときは、少なくとも子どもの努力を褒めてくれるように伝えるしかありません。しなやかマインドセットというものを受け入れなくても、生徒たちにとってポジティブなことをするように頼むことはできます。決して理想的な治癒ではあり

ませんが、絆創膏ぐらいの効果はあるでしょう。

> しなやかマインドセットを持つ教師は、
> 生徒とともに努力して、指導し、
> 新しい方法で学ぶ手助けをし、練習を重ねる
> 時間と場所を生徒に与えます

建設的なフィードバックとやり直しについて

　最近では生徒に宿題やテストをやり直す機会を与える教育者が増えています。これは教育についての考え方がシフトしていることによるもので、生徒が新しい方法で学んだり、練習したりするためのサポートが用意されていれば特に効果があります。教師が、間違いは学習法として重要だと心から信じ、生徒も間違いから学ぼうと努力するのであれば、生徒のはじめのテストや宿題をもとにして成績をつけるべきではありません。しなやかマインドセットを持つ教師は、生徒とともに努力して、指導し、新しい方法で学ぶ手助けをし、練習を重ねる時間と場所を生徒に与えます。教育についての著者リック・ウォーメリ（2011）はこう述べています。

　　多くの教師は、生徒の道義心を育てて社会で働く準備をしているのだから、という理由を掲げて、あえて宿題のやり直しや再テストを許可しなかったり、許可して生徒が完全に内容をマスターできたことを証明できたとしても少しの加点しかしなかったりするものです。こうした教師は、課題の提出日を守らなかった生徒にゼロ点を与え、その恐ろしい点によって生徒に責任感を学ばせようとするものです。

　ところがこれは実際には逆効果で、生徒の達成や成長を遅らせるものです。生徒は希望をなくし、憤りを募らせます。生徒の中にこれから芽生えるであろう道徳心、能力、責任感を教師が見出すという希望がなくては、生徒は学校の使命からも、世話をしてくれる大人からもかけ離れていってしまうでしょう。すると我々の教育事業が失われてしまうのです（p.22-26）。

　もうあなたは「でも、失敗を体験するのは子どもにとって悪いことではないと言ったじゃないか」と思っているかもしれませんね（第5章）。それも本当です。やり直しをさせることは、間違いから学ばせるということで、特に重要なのは、やり直しによって習ったことを学習し習得することです。

でもうちの子は数学の天才なのに

　大学教授のジョー・ボウラーは、2015年の著書Mathematical Mindsets: Unleashing Students' Potential Through Creative Math, Inspiring Messages, and Innovative Teaching（「数学のマインドセット：独創的な数学、感動を与えるメッセージ、革新的な教え方で生徒の可能性を引き出す」）の中で、「うちの子は数学の天才という神話」について述べています（この本は数学の教師でもあり親でもある人に特にお薦めです）。たとえ私たちの脳に生まれつき差異があっても、その後の人生の機会や体験がそうした違いに打ち勝つのだということが研究によってわかっています。

　ボウラーは、「『数学的な人』は生まれつきどこか違っているから、いともたやすく数学を理解できるという根強い誤解」によって問題が起こるのだと指摘しています。「これにさらに、『数学が生まれつき得意』な人という月並みな考え方が加わると、何が問

題なのかが浮かび上がってきます」(Boaler, 2015, p.94)。彼女は数学の不平等という考えが問題なのだと説明しています。私たちは数学が得意な人、そうでない人、という月並みな概念を持ちやすく、これこそが数学に関する硬直マインドセットになっています。「数学的な人」と「数学的でない人」がいると信じることが、硬直マインドセット型の考えを不滅なものにしているのです。

たった今あなたは、そんなこと信じられないと思っているかもしれません。「だって、うちの子は算数の問題を簡単に素早く解けるし！」子どもがまだ小さいころは、確かにそういうこともあるかもしれません。しかしもっと複雑な数学になってくると、小さいときに算数がすぐわかった子どもでも、問題を解くいくつものステップや複雑な概念を理解してマスターするためには、時間をかけて努力しなくてはなりません。難しくなっていく数学の概念に粘り強く立ち向かわなければ、子どもは「結局自分は数学的な人ではなかったんだ」と思ってしまうかもしれません。

表彰式について

学校などの賞を与えるプログラムや表彰式は、特定のレベルに達した子どもに栄誉を与えるものですが、あまり努力をしなくてもそのレベルに達することができる子どもがいる一方で、大変な努力をしたのにほんの少しのところでレベルに到達できなかった子どももいるということは、ほとんどの場合、考慮に入れられていません。コロラド州のある教師は、学期ごとに行われる優等生の表彰式で、後ろの列に座っている表彰されない子どもの顔ぶれは、いつも同じだと言います。優等生を表彰することには、いったいどんな意味があるのでしょうか。よい成績を認めることが目的なら、すでに成績という「ご褒美」を与えているではありませんか。それに、Aを取った生徒の中には（簡単すぎるクラスで）あ

まり努力をすることもなかった子どももいると認識することも重要です。ほかの生徒にもやる気を起こさせるが目的なら、こういうことを考えてみてほしいのです。表彰されない子どもはいつも決まっていませんか？　優等生の表彰式は本当にほかの生徒にやる気を起こさせていますか？　こうした表彰式は、成績ではなくて、成長や努力を認めるためのものにしていくべきでしょう。

保護者会

　保護者会でも、マインドセットのメッセージを広めることができます。学校によっては、保護者会の代表者が授業計画の一部に参加できるところもあり、学校でのしなやかマインドセットの重要さを提案するのによい機会です。学校にマインドセット委員会を作って、保護者や教師の参加を招く提案をしましょう。委員会を設立したら、下記のような項目を話し合うとよいでしょう。

- 保護者会でマインドセットについての啓蒙をするイベントを開催する
- マインドセットについての読書会を開催する
- 夜のゲーム大会を開催する（粘り強さやレジリエンシーを大人と子どもが共に練習するよい機会になります）
- 学校のホームページにマインドセットのページを設ける

　Ready-to-Use Resources for Mindsets in the Classroom (Ricci, 2015) に保護者のためのマインドセットのページのサンプルや、ニュースレターによる紹介文などが載っています。保護者会としては、何週間かごとに、親のためのマインドセットの目標を決めてニュースレターで報告するとよいでしょう。この本で述べたたくさんの方法をまとめた、118〜121ページの図11

「しなやかマインドセットの家庭環境を作るヒント集」のような
ものを使ってもいいでしょう。このヒント集は七つのセクション
に分かれていますので、自分のためにしなやかマインドセットの
目標を立てたり、保護者会で紹介したりしやすいでしょう。

　保護者会の寄付で、学校に神経細胞のソフト模型や、本や推理
ゲームなどを買ってもらって、学校でのマインドセット教育の支
援をするのもよい方法です。言葉を使わない推理ゲームは、しな
やかマインドセットを育てるのに大変適しています。車のダッ
シュボードの小物入れに入るぐらいの小さいものもたくさんあり
ますから、家族にもお勧めです。歯医者などの待合室で待ってい
るときや、子どもを待たせて親が人と会っているときなどのため
に、いくつか袋に入れて用意しておくとよいでしょう。推理や問
題解決の必要なゲームはマインドセットをシフトさせるのに役立
ちます。少しずつ難しくなるゲームは特によいでしょう。難しく
なるにつれて、忍耐力や推理力が培われます。Mindsets in the
Classroom（2013）（クラスルームのマインドセット）で紹介された
ある研究によれば、推理ゲームとしなやかマインドセット学習を
組み合わせることで、子どものモチベーションが上がると言いま
す。シンクファン、シェイプオメトリー、チョコレートフィック
ス、ブリックバイブリック、ラッシュアワー、ラッシュアワー
ジュニアなどのゲームが適していると思います［訳注：どのゲーム
もアマゾンや楽天などに紹介されているようです］。

しなやかマインドセットの家庭環境を作るヒント集　パート1
親のしなやかマインドセットを育てる

● 子どもにしなやかマインドセットを持ってほしいと期待するのなら、まず親自身が持つようにしなくてはなりません。自分の硬直マインドセットに気づいて、それをしなやかマインドセットに変えるようにしましょう。子どもに聞こえるように大きな声に出して言ってもよいでしょう。たとえば「この書類、どう書いたらいいかわからないよ」と言ったすぐ後に、「ネットで調べるか、銀行で聞いてみよう。そうすればきっと正確に書けるようになるよ」のように。

● 「ぼくの料理は最低だ」「私も数学はずっと苦手だった」「あなたみたいにピアノが弾けたらなあ」のような硬直マインドセット型の話し方に注意しましょう。根気よく練習すれば、ピアノだって弾けるようになるのですから！

● よいことでも、そうでないことでも、遺伝のせいにするのはやめましょう。

● 子どもをきょうだいや、ほかの子と比べないようにしましょう。

● 子どもには、成功だけでなく、学ぶプロセスを楽しんでほしいのです。家でも親がお手本を示しましょう。たとえばクッキー作りに失敗したら、「うわー！　まずい！　まったく時間の無駄だったわ。最低のできね。このレシピはもう使わないよ」ではなく、「このクッキーを作ってみて、いろいろなことを学んだよ」と言いましょう。

しなやかマインドセットの家庭環境を作るヒント集　パート2
しなやかマインドセットの褒め方とフィードバック

- 子どもそのものではなくて、子どものしたことを褒めましょう。子どもが苦心したり、難しいことに挑戦していたりしたら、粘り強さとレジリエンシーを褒めます。成績や達成ではなく、勉強の仕方や努力を褒めましょう。
- 「まだ」という言葉をあなたの語彙に加えましょう。何か勉強がわからない、バスケットボールのドリブルができない、ギターがうまく弾けない、と子どもが言ったら、それは「まだ、できない」のであって、努力すれば、できるようになると話しましょう。
- 子どもの達成したことをきょうだいや友だちと比べないようにしましょう。達成することは決して競争であってはいけません。成功はみんなに訪れるのですから。

しなやかマインドセットの家庭環境を作るヒント集　パート3
硬直マインドセットの方向性を変えましょう

- 子どもが硬直マインドセット的な考え方をしたら、方向を変えてあげましょう。「数学は苦手」とか「シェークスピアはちんぷんかんぷん」などと言ったら、しなやかマインドセットの言い方に変えてあげるのです。「まだ」できないかもしれないけど、先生に聞いたり、別の方法を試してみたり、少しずつ小さい目標を立てたりして努力すれば、できるようになると思い出させるのです。

もしこんなことを言ったら	こう言ってはどうですか？
「数学は苦手だよ」	「まだよくわからなのなら、もっと練習してみようよ」
「数学はいつもよくできるから、勉強しなくてもいいんだ」	「勉強すると、脳がもっと成長するよ。今の問題は練習しなくてもできるから、もっと難しい問題に挑戦させてほしいと先生に言ってみたらどう？」

図11：しなやかマインドセットの家庭環境を作るヒント集

Creating A Growth Mindset Environment at Home: Ready-to-Use Resources for Mindsets in the Classroom (p.67-p.70), M.C. Ricci, 2015, Waco, Tx: Prufrock Press © 2015 by Prufrock Press より許可を得て転載

しなやかマインドセットの家庭環境を作るヒント集　パート4
困難なとき

- なぜ失敗したのか、できなかった部分に興味を持たせましょう。成功するためには失敗が大切だと話しましょう。親自身がお手本を示しましょう！
- アメリカNBAバスケットボール選手マイケル・ジョーダンのコマーシャル（102ページ参照）の、特に最後の一言について話し合ってみましょう。
- 少し苦労するようなパズルやゲームを与えてみましょう。一緒にやりながら、なぜ苦労することが学ぶことになったり、レジリエンシーの力がつくのかを話し合いましょう。
- レジリエンシーのお手本を見せて、励行しましょう。間違いや失敗から、回復する力です。

しなやかマインドセットの家庭環境を作るヒント集　パート5
融通性と楽観性

- しなやかさのお手本を見せましょう。人生には変更がつきものだということ。何かが思った通りに行かなかったとき、しなやかな考え方をするお手本を見せましょう。イライラするような状況に囚われず、計画が変わっても順応できるのだということを示しましょう。子どもの計画が変わったり、何かがうまくいかなかったときに、しなやかに対応できたら褒めましょう。
- 楽観性のお手本を見せましょう。家庭でいつも「グラスに半分も水が入っている」という考え方をしましょう。「希望」を信じる人は、ほとんど全てのことに、よい面を見つけることができますから。
- 「悪い」ことが起きても、どんな状況の中にもよい面を見つけてみるゲームを子どもとしてみましょう。少しばかばかしいと思っても、前向きになるというメッセージがきっと伝わりますよ。たとえば、コップを割ってしまったら、「食器棚にスペースができたね！」のように。

しなやかマインドセットの家庭環境を作るヒント集　パート6
脳の働きについて学びましょう

● 神経細胞のネットワークについて話し合いましょう。学校で脳の働きについて習ったことを話させてみましょう。

●「もうやめた！」「できないよ」などと子どもが言ったら、新しいことを学んでいるときは脳の神経細胞が繋がり始めているのだと、想像させましょう。脳の神経細胞がしっかり繋がるように、努力して新しいスキルや概念を練習するよう励ましましょう。

● 親のあなたにまだできないことは何か、子どもに伝えて、あなたの神経細胞がしっかり繋がるようにどんな練習をするつもりかを、話して聞かせましょう。

しなやかマインドセットの家庭環境を作るヒント集　パート7
大切な心理社会的スキルを育てましょう

● 子どもが何かを達成するとき、生来の能力の力は25％、残りの75％は心理社会的スキルによるものです。次のような心理社会的スキルを慎重に育てましょう。
- ・粘り強さ
- ・自信
- ・レジリエンシー
- ・失望や失敗に対処する力
- ・建設的なフィードバックをする能力

● こうしたスキルを持つキャラクターが登場するお話を、小さいころから一緒に読んで話し合いましょう。

● テレビや映画を一緒に見るときは、登場人物の強さや根気やレジリエンシーのなさなどについて話し合ってみましょう。その人物にそうしたスキルがあったら（あるいは、なかったら）状況がどう変わったと思うか、子どもに尋ねてみましょう。

● 心理社会的なスキルを表す言葉を日常的に家庭内で使ってみましょう。たとえば、「会社で上司から、もっと仕事がうまくいくように建設的なフィードバックをもらったよ。新しい方法を試してみようって言ってもらって、うれしいよ」「今日きみが（木登り、ゲームや新しい携帯電話の使い方）を試しているところを見たよ。強い意志と粘り強さがあるんだね！」

図11：しなやかマインドセットの家庭環境を作るヒント集（続き）

障害のある子どもの場合

　もしあなたの子どもに障害があっても、しなやかマインドセットや硬直マインドセットのコンセプトはもちろん使えます！　身体面や感情面の障害や、学習障害のある子どもにもしなやかマインドセットを伝えることの重要さを、次のある特別な青年の例が教えてくれます。

　トロイ・ベイジーは未熟児として、そして脳性小児まひと学習障害のある子どもとして生まれました。小さいときに受けた治療の薬で深刻な聴覚障害が起きました。まだ小さかったトロイは、歩いたり、話したり、聞いたりするのが困難で、手話も覚えなくてはなりませんでした。特別支援学級の生徒としてフルタイムのヘルパーが必要になり、学校でも多くの調整や変更をしなくてはなりませんでした。今トロイは22歳になっています。地域の短大でいくつか授業をとり、仕事もして、コミュニティでボランティア活動もしています。自分も聴覚の問題を抱えているので、トロイは耳の聞こえない人たちや聞こえにくい人たちのために働きたいと思っています。そしてアメリカン手話の修了証書を取るために励んでいます。彼は、困難を抱えた人たちに勇気を与える模範的な存在です。彼の努力と粘り強さ、家族の強力なサポート、そしてしなやかマインドセットが彼に成功をもたらしたのです。

　トロイと彼の家族は少しずつ目標を増やしていきました。それが功を奏して、トロイは成長し独立できるようになったのです。トロイにはまだ将来の目標がいくつもあります。ろうあ学校でフルタイムで働きたいと思っています。また長期的な目標は、カトリック教会の終身助祭として任命されることです。トロイの生き方は、しなやかマインドセットのパーフェクトな例だと言えるでしょう。私たち著者は、トロイがどうやって困難を乗り越えたか、彼と彼のお母さんのミシェル・ベイジーにインタビューしました。

まずトロイに、障害のある子どもへのアドバイスを尋ねました。「ベストを尽くすこと、自己主張することを覚えること、必要なら助けを求めること、そしてあきらめないこと」というのがトロイの答えでした。彼は公立学校の教育を終えたとき、メリーランド州フレデリック郡公立学校の教育委員会で次のような話をしました。

　　ぼくは自分の障害を受け入れ、できるだけベストを尽くしました。つらいときやイライラしたときでも、いつも前向きであろうとし、自分を信じました。自分を決してあきらめず、苦しいときもたたかい続けました。そして今日の自分を誇りに思います。

> 「ベストを尽くすこと、自己主張することを覚えること、必要なら助けを求めること、そしてあきらめないこと」（トロイ・ベイジー）

　お母さんは、トロイを育てているとき、いつも周りに助けてくれる人たちがいたこと、そして長期的な目標を常に忘れずにバランスを取りながら、トロイが今何を必要としているかに気づくことが大切だったと言います。お母さんは将来のことを見越して考えることを学び、努力と粘り強さでトロイはきっと目標を達成できると思いました。また、トロイの学び方については、ほかの子どもとは違うアプローチが必要だということも認識していました。トロイもお母さんも、苦労を障害としてではなく、学習の機会としてとらえました。トロイが地域の短大で授業を取り始めたとき、お母さんはトロイが公共交通システムを使えるよう手助けをしました。彼が独り立ちできるようにしたのです。トロイが新しいことを学ぶことを、お母さんは妨げとは考えず、単に乗り越える

ハードルだと考えました。トロイは、自己主張することを学んで、手助けが必要なときや必要でないときに、周囲の人にそう伝えられるようにもなりました。理解できないときは、繰り返して言ってもらったり、別の言い方やほかの方法で説明してもらうようにしました。

　トロイにもお母さんにもしなやかマインドセットがあったので、トロイはずっとレジリエンシーを持ち続けることができたのです。トロイの話から、障害のある子どもの育て方について次のようなことがわかりました。

- 子どもと一緒に目標を定めること——短期的な目標と長期的な目標
- 粘り強さ、レジリエンシー、苦労や失敗から学ぶためのスキルを計画的に養うこと。子どもにその重要性を理解させること
- 自己主張できるようになるための方法を授けること
- 子どもの支援が適正であるかどうかを確かめること——多すぎても少なすぎても害になります
- ポジティブで楽観的な態度を保つこと
- 必要なときは助けを求めること！　子どもだけでなく、親にとっても大切なことです——どんな支援が得られるかを調べて、できるだけその使い方を覚えましょう

大学では

　高校の卒業式が終わり、寮や下宿に送る荷物の準備ができ、あなたの子どもは新たな章へと一歩を踏み出そうとしています。でも、子どもにしなやかマインドセットを思い出させる必要がなくなったわけではありません。大学生活を始めると、家から通う場

合でも家から離れる場合でも、勉強以外の新しいスキルも学ばなければなりません。時間の使い方、自己主張、責任感、などなど。大学に入って初めてのレポートを提出するとき、あなたに目を通して編集してほしいとメールや電話で頼んでくるかもしれません。いつも親は子どもの味方だと知らせることも大事ですが、間違いから学ばせるようにするのも大切なことです。

　大学で難しいことにチャレンジして間違いをおかすことを恐れなくなる子どももいます。大学1年生のある青年は、高校時代はいい大学に入るために常によい成績を保たなくてはならないと、年中しつこく言われていたのでいつも成績を気にしていたと言います。でも大学に入ったら、入試の心配を頭から追い払うことができたので、成績よりも実際に何を学ぶかを重視するようになったと言います。しかし、いつもそんな人ばかりとは限りません。モニークという大学生は、海外の大学で1学期を過ごすプログラムに参加したいと願っていましたが、行ったことのある先輩たちから、海外の方が成績のつけ方が厳しいと聞きました。成績を犠牲にすることを恐れて、モニークは海外プログラムを断念しました。こうした硬直マインドセットの考え方が、豊かで思い出深い学習体験の妨げとなったのです。彼女は成績に囚われるあまり、海外で勉強するという体験に気持ちを集中させることができなくなったのです。

　大学生にとって忘れてはならない重要なことは、もっと勉強したり、困難な宿題や作業に立ち向かったりすることは、学習体験の一部であって、自分が無力だとか専攻が間違っているとかということを示唆するものではないということです。大学に入る前は、自分が興味や情熱を持っている分野の勉強は難しくないだろうと思っていても、実際に大学に入ってみると、夢見た勉強がそれほどやさしくないことに気づくということが、よくあります。そして、クラスメートよりももっと勉強しなくてはならなかったり、

「得意だったはず」の教科で悪い成績を取ったりすると、このクラスは自分の能力では無理だという硬直マインドセットに陥ってしまいます。こうした硬直マインドセット的な考えによって、早まって専攻を変えてしまう学生もいます。大学に入った子どもには、カウンセラーなどの学業や生活指導アドバイザーに専攻や、専攻の内容についての相談をするように勧めるとよいでしょう。キャンパス内の家庭教師や情報センターや勉強グループを訪ねれば、同じようにサポートを求めたり一生懸命に努力しているほかの学生と出会う機会にもなります。

> 大学に入る前は、自分が興味や情熱を持っている分野の勉強は難しくないだろうと思っていても、実際に大学に入ってみると、夢見た勉強がそれほどやさしくないことに気づくということが、よくあります。そして、クラスメートよりももっと勉強しなくてはならなかったり、「得意だったはず」の教科で悪い成績を取ったりすると、このクラスは自分の能力では無理だという硬直マインドセットに陥ってしまいます

　小学校、中学校、高校と、何の苦労もなく進んできた優等生にとっては、大学が生まれて初めての試練の場になることがあります。勉強面でのレジリエンシーは、これまでに勉強で苦労したことがなければ身につきません。これまで勉強で苦労をしたことのない子どもは、勉強がその子にとって簡単すぎたということなのです。特に努力しなくても高校まで優等生で来た子どもが、大学で初めて苦労をしたという話をよく聞きます。
　あるお母さんは、生まれて初めてBを取ったと、娘が泣きなが

ら電話をしてきたと言います。娘を慰めた後、お母さんは娘に小さいころからずっと、夫と一緒に言い続けてきたことを繰り返しました。「お母さんたちはお前がAを取るのを期待しているのよ」と。お父さんも、大学での娘の様子を人に聞かれると、「1学期の成績を見てみないとわからないよ」と答えていたのです。なんてこと。このように成績を重視しすぎるのは硬直マインドセット的な考え方を永久的に植え付け、究極的にはリスクを回避する大人を作ってしまいます。

　大学生の子どもに、この両親のような対応をしている人は、フィードバックの仕方を調整しましょう。まだ遅くはありません。時間管理、図書館や勉強グループの使い方、自己主張、必要な助けを求めること、努力をしていること、など子どもが大学生活で学んだプロセスや方法に焦点を当てましょう。子どもはもう若い大人です。何より先に成績について聞いていると、「お父さんが関心あるのは成績のことだけなんだ」とか「お母さんはいつも成績のことばかり尋ねるけど、それより、大学生活にうまく順応できているかどうか聞いてほしいよ」と子どもに思わせてしまいます。ある青年が大学1年の1学期のできごとについて、こんな話をしてくれました。

　　　両親にとって大事なのは、ぼくが大学で優等生名簿に名前が載って、新聞の地方版に出て、友だちに自慢できることだけなんだ。見栄ばかり気にしている。パーフェクトな子どもだと周囲に思わせたいんだ。でもそれはぼくにとってすごいストレスだよ！　それより、ぼくが間違ったり、そこから学んだりすることを応援してほしいよ。

　大学生がしなやかマインドセット的な視点を持てるようになれば、レジリエンシーが備わり、将来、大学院や卒業後の職場で出

会うであろう困難に対処する準備ができます。

　幼稚園を卒園するまでは、親は子どもが幸せで健康であれと願っているものです。しなやかマインドセットを持つ子どもは、大体において人生に楽観的で、困難なことが起きても簡単にくじけることはありません。学校が硬直マインドセット的なフィードバックの仕方や、硬直マインドセットの方針や方策を取っていると、親のしなやかマインドセットの目標がいつのまにか崩されてしまうこともあります。硬直マインドセットのコーチや教師は、親にはどうしようもないかもしれませんが、無理なことに焦点を当てるよりは、どうすればしなやかマインドセットを持った子どもを育てることができるか、そして子どもが硬直マインドセットに出会っても、レジリエンシーを持って真っ向から立ち向かえるために、家庭内や家族間でどうすればよいかを考えていきましょう。

> 大学生がしなやかマインドセット的な視点を持てるようになれば、レジリエンシーが備わり、将来、大学院や卒業後の職場で出会うであろう困難に対処する準備ができます

第 7 章

スポーツやアート面で
しなやかマインドセットを育てる方法

「勝つのは楽しいけど、負けて何かを学んだり、次はもっとうまくなれるなら、負けるのも悪くないよ」

——プリヤンカ（12歳）

土曜日の朝は、ゆっくりテレビを観ることもなく、フィールドで子どもの試合を観戦したり、子どものダンスレッスンに付きあったりしている家族が多いことでしょう。子どもはスポーツやアート活動に参加することで、大事なスキルを身につけ、またそれが生涯を通しての楽しみとなります。勉強以外の貴重なアクティビティにおいても、しなやかマインドセットを養うことが重要です。

スポーツやアート面でも、子どもの中にしなやかマインドセットを養い育てていくことは、親としての極めて重要な役割です。ほとんどの親は、ただ観戦したり子どもを支えたりするだけでよいのですが、コーチになるよう頼まれ、自分の子どもだけでなくほかの子どもの指導に当たるようになる親も多くいます。あなたが気楽な観戦者であっても、熱心な応援者であっても、熟練したコーチであっても、親としてスポーツやアート面で子どものしなやかマインドセットを育てることが大切です。

才能？　計画的な練習？　それとも両方？

生まれつき？　それとも育て方？　という議論をよく耳にします。あなたがどんな人かということに、いったいどのくらい遺伝が関わっているのでしょう？　環境や育ち方の関係はどうでしょう？　スポーツや芸術面で成功するのは、どれくらい遺伝や努力と練習に影響されるかと考えるとすぐこういう議論になります。

脳の学習方法と神経細胞の繋がり（第4章）について現在わかっていることに基づいて考えれば、学習することや成長することがパフォーマンスの向上に大いに貢献していることは明らかです。1992年イギリスで、生まれつき音楽の才能のある人を探すという研究がありました。257人の音楽を学ぶ学生について調べたところ、最高レベルにある学生とほかの学生との音楽能力の際立った違いは、ただ一つ、幼いころから旋律を聞いて、それを模倣できたという能力でした。これは、生まれつきの才能かもしれません。しかし、その学生たちには小さいころから親が歌を唄って聞かせていたこともわかっています。幼いときから、多様なメロディーに接してきたことが、耳で聞いた音調を繰り返せる能力に繋がったのではないかと考えられます。何より顕著なのは、秀でた音楽家と他とを分けるある一つの要因がこの研究によってわかったことです。その要因とは、練習です。最も持続して練習に集中した学生はその音楽分野でトップレベルへと昇っていったのです（Aiello & Slobada, 1994）。

　芸術やスポーツの才能について、そして、しなやかマインドセットが子どもたちにどう役立っているか、いくつか例を見てみましょう。

　　6歳のアキールは、スケッチブックとエンピツを手に居間のソファに座り込み、想像のキャラクターや、空想の世界の細かい光景などをよく描いています。アキールはまだ幼いころから、新聞の漫画をノートにクレヨンでまねして描いたり、テレビの大人向けの絵画番組に夢中になったりしていました。それを見ていち早く親は、アキールがアートに向いていると気づきました。

　　絵が好きなことははっきりしていますが、アキールに生まれつきアートの才能があるかどうか両親は心配してい

す。家族や親せきにアーティストや、アートに興味のある
人がいないからです。

　アキールの近所に住む12歳のダミアンはバスケに夢中
です。まだよちよち歩きのころから、お父さんと一緒に大
学のバスケットゲームを見始めて、だんだん興味を持つよ
うになりました。そして、家の前庭に取り付けたリングは
とっくに卒業して、近所の公園の本物のバスケリングを使
うようになり、放課後や週末には高校生と一緒にプレイす
るようになりました。今はコミュニティのチームに入って
いますが、早く高校生になって強豪と評判の高いバスケ部
に入るのが待ち遠しいし、大学でもバスケの強いリーグで
プレイしたいとお父さんに話しています。でも大学のバス
ケチームに入るのは高い目標ではないかとお父さんは心配
しています。お父さんは学生時代は演劇や弁論部で活動し、
スポーツは選手としてではなく観客として楽しむ程度でし
た。ダミアンのために子ども用のバスケットリングを家に
設置したころは、まだ一緒にプレイできましたが、今はも
うダミアンの相手にもなりません。二人で1対1のゲー
ムをしていても、ダミアンもお父さんもイライラしてしま
います。ダミアンにもっと強い相手が必要なのは明らかで
す。アキールの両親のように、ダミアンのお父さんも、子
どもには生まれつきの才能がなく、親が手本を示したり
コーチしたりすることがますます困難になるせいでダミア
ンはいずれ行き詰まるのではないかと、不安に思ってます。

　こんな不安を抱える皆さんへの朗報があります。子どもが芸術
やスポーツや勉強で成功するための秘訣は、親の才能とは関係あ
りません。実際、著名なオーストラリアの音楽家ミミア・マージ
オッタはこのように言っています（2011）。「楽器演奏で成功す

る生徒の親が皆、音楽能力に長けているわけではありません。実際、成功している子どもの親の多くは、音楽の専門知識や技術を教えるより、子どもを支えたり励ましたりしているものです」（p.17）。ヘルシンキ大学のジョウィー・チュアは、フィンランド国立オペラバレエ学校とシンガポール・ダンスシアターの16歳から22歳の生徒を2年間にわたって調査しました（2015）。調査の焦点は、生徒たちの高度なパフォーマンスに最も役立ったのは、人格形成期で受けたどのような支援だったかということでした。生徒、親、教師などへの幅広いインタビューを繰り返し行って、チュアは親にとってカギとなる情報を見つけ出しました。生徒の幾人かは、親は、子どもの生まれつきの才能ではなく、「たくさんの努力と練習」と「決意」を強調すべきだと言いました（Chua, 2015, p.184）。ある親は「よほどの才能があったって練習なしで済ますことはできません」と語っています（Chua, 2015, p.184）。また、生徒たちは、「常に誤りを正してもらうこと」と「技術を高めるためのよい批評とフィードバック」の大切さを強調していますが、それらは親からではなく、教師から受けるものだと言っています。チュアは、ダンサーの成長に最も重要なことについて、「大人がしなやかマインドセットを持つべきです。（中略）柔軟なダンス能力に加えて、努力を持続させることがダンスの向上に不可欠だということを生徒にしっかりわからせることが重要です」と書いています（2015, p.188）。

> 子どもが芸術やスポーツや勉強で
> 成功するための秘訣は、親の才能とは
> 関係ありません。

子どもが芸術やスポーツに関わるのを支援したり褒めたりする親の努力が、子どもの成長をひそかに傷つけていることがありま

す。子どもがチームのスター選手であるとか、「生まれつき」才能があるとか、天才であるとかと信じる親は、それを友人や親せきやコーチに吹聴することがよくあるのです。こんな風に親が自分を描写していることを聞いた子どもは、周囲の期待を内在化させてしまいます。たとえ善意であっても、これは硬直マインドセットの考え方にほかならないのです。親の子どもの可能性についての先入観が、子どもの学習の進歩に悪影響を与えることがよくあるのです。こうした思い込みは「子どもの学習の進歩を侵害し、その結果、子どもに、それに応えたり、それを達成したりできないと感じさせてしまうのです」(Margiotta, 2011, p.17)。「お前みたいなすごい選手は見たことがないよ！」のようなコメントで子どもを励まそうとするのは、知らず知らずのうちに子どもにストレスと不安を与えていることなのです。

　『ニューヨーカー』誌に寄せた記事の中で、音楽評論家のアレックス・ロスはかの有名な作曲家モーツァルトの仕事について2006年にこう述べています。彼は、15年程前からベストセラーになっている「ベビー・アインシュタイン」という知育教材のシリーズを引き合いに出して、「ベビー・モーツァルトのビデオを幼児のためにかけている親たちは、がっかりするかもしれないが、モーツァルトをモーツァルトたらしめたのは、恐ろしく激しい練習にほかならない」(15段落) と述べています。「ベビー・アインシュタイン」というビデオや玩具を作った人たちの目的は、子どもたちに芸術に対する興味を引き起こさせようということでしたが、多くの親たちはこうした商品が才能を育てると信じてしまったのです。芸術に興味を持たせるのはすばらしい考えですが、ロスが指摘するように、生まれつきの才能ではなく、努力と練習というしなやかマインドセットの二つの特性が、能力を育てるのです。

> 「お前みたいなすごい選手は見たこと
> ないよ！」のようなコメントで子どもを
> 励まそうとするのは、知らず知らずのうちに
> 子どもにストレスと不安を与えていること
> なのです

　専門的技能についての研究の第一人者の一人であるスウェーデンの心理学者アンダース・エリクソンは、1990年代初頭、長期にわたってバイオリニストの研究をしました。エリクソンと仲間の研究者たちが発見したことは、しばしば生まれつきの才能だと思われていたことは、実は少なくとも10年以上の持続した計画的な練習によるものであるということでした。この研究は、のちにマルコム・グラッドウェルの2008年の著書「Outliers: The Story of Success」（異端児：成功の物語）の「1万時間の練習」理論の元となったものです。エリクソンとその仲間によって実証された計画的な練習の原理は、芸術だけでなくスポーツにも当てはまります（Colvin, 2008）。それは次のようなものです。

- パフォーマンスを高めるために特に作られた練習で、しばしば教師やコーチの助けによって計画されたもの
- 何度も繰り返されるもの
- 精神的にも肉体的にも非常に過酷なもの
- 特定の指導的フィードバックで支えられるもの

　パフォーマンスを最高のレベルに上げる計画的な練習のためには、コンフォートゾーンから出て自分をより伸ばすことが重要です。第4章の脳の話を思い出してください。脳がコンフォートゾーンを超える挑戦を受けたとき、新しい神経細胞が繋がるので

図 12：パフォーマンスのゾーン

したね。同じように、ミシガン大学教授で優秀なビジネスマンで
もあるノエル・ティッチは三つの「パフォーマンスのゾーン」を
視覚的に表しました。これは、2008 年のジェフリー・コルビン
著 Talent is Overrated: What Really Separates World-Class
Performers From Everybody Else（才能の過信：世界レベルのパ
フォーマーと他者を分けているものの真実）に紹介されました。図
12 として紹介するこの図は、子どもがスキルを磨き自信と熟練
を得るために学習し続けるとき、乗り越えなくてはならない困難
を視覚化したものです。

　前進するためには、学習ゾーンのアクティビティを選ぶしかあ
りません。親、教師、コーチに課せられる役割は、学習ゾーンが
どこにあるかを正確に見極め、よりスキルを身につけられるよう
に子どもをその学習ゾーンに留まらせることです（Colvin, 2008）。

　練習についてのこうした情報から思い起こされるのは、ゴルフ
界で何度も繰り返されてきた言葉です。有名なゴルファー、ゲ
リー・プレイヤーがすばらしいショットを放ったとき、観客の一
人がこう言いました。「すごい！　こんなにラッキーなゴル
ファーは見たことがないよ」。ゲリー・プレイヤーはそれにこう

答えました。「まあ、練習すればするほどラッキーになるんだけどね」と。最初にこう言ったのは自分だとゲリー・プレイヤーは主張していますが、ほかにもリー・トレヴィノ、アーノルド・パーマーなど多くのゴルファーが同じことを言っています（Yocom, 2010）。

練 習

　練習が面倒ではなく、逃げ場（サンクチュアリー）である子どももいます。マデリン・ブルーザーは、1999年の著書 The Art of Practicing: A Guide to Making Music From the Heart（練習という名の芸術：心から音楽を奏でるためのガイド）の中で、練習というと、何時間も続けて技術を磨くものというイメージがあるかもしれないが、人によっては、練習は「ほかのことから逃れられる喜びと安心であり、自分を自由に表現できるアクティビティ」としての逃げ場でもあると書いています（p.1）。練習をこんな見方で見られれば、子どもを甘言でつったり、がみがみ言ったりしながら、ピアノやダンスレッスンに向かわせることが少なくなるかもしれませんね。

　よく子どもは、どれほど練習すればスキルや楽器や技術が上達するのかについて、非現実的な期待を持つことがあります。4年生のアシャンテが学校のブラスバンド部でクラリネットを吹こうと決めました。そして先生と一緒にバンドで練習したり、コンサートで壇上で演奏したり、夜に家族の前で演奏したりしているところを想像しました。一方、両親は、アシャンテがガールスカウトやサッカーや教会の活動をしているので、クラリネットを練習する時間なんてあるだろうかと心配しています。10歳の頭の中で、アシャンテはもうすっかりクラリネットをマスターし、学校のブラスバンドの主要プレイヤーになるつもりでいます。しか

し、クラリネットが、あざらしの鳴き声ではなく音楽として聞こえるようになるためには、どれほどの練習が必要かということを、アシャンテは軽く考えすぎています。それにアシャンテが気づけば、あっという間に、想像したシナリオが崩れてしまうでしょう。案の定、アシャンテは始めてすぐにもうバンドをやめたくなってしまいました。

　これはよくあることです。アクティビティからアクティビティへと忙しく走り回る子どもを見ていて、いらだたしく思う親もいるでしょう。多大な費用がかかるだけでなく、子どもにとって大きな苦悩にもなります。2002年の音楽教育リサーチジャーナルで、ゲリー・E・マクファーソンとジェイン・W・デビッドソンは、アシャンテが音楽の努力をしなくなった理由について、こう述べています。

　　学習をやめてしまう子どもたちは、すでに練習を始める
　　前から練習量について非現実的な期待を持っていることが
　　よくある。そして練習が始まって現実となったとき、こう
　　した子どもたちは、練習を続ける選択をしたほかの子ども
　　と比べて、例外なく練習量が少なくなるものだ（p.152）。

　楽器演奏を学ぶのに必要な技術には、様々な幅広い要素が関わっていますが、マクファーソンとデビッドソンは、「ある特定の条件が満たされて初めて、持続的な音楽の練習が可能になる。最も重要な条件の一つは、練習を強く動機づけることのできる親や保護者の存在である」（McPherson & Davidson, 2002, p.142）と述べています。

　練習は、それがピアノであれ、水泳であれ、フットボールであれ、いつも簡単なことではないし、楽しいものとも限りません。派手さもないかもしれません。必要なのは、粘り強さ、コミット

メント、時間です。教師やコーチの支えやフィードバックも必要です。練習によってしっかりした神経細胞の繋がりを作り、練習が困難になるにつれて新しい神経細胞の繋がりができるための時間を脳に与えるのです。親は、成長と前進を強調することによって、子どもが練習から最も多くのものを得られるように助けることができます。図13には、そのヒントが紹介されています。

> 練習によってしっかりした神経細胞の
> 繋がりを作り、練習が困難になるにつれて
> 新しい神経細胞の繋がりができるための
> 時間を脳に与えるのです

キャロル・ドウェックは2006年の著書 Mindset: The New Psychology of Success（マインドセット：成功の新しい心理学）の中で、親へ貴重な提言をしています。「子どもが努力するためのゴールを親が設定することがよくありますが、生まれつきの才能がゴールではないことを忘れないようにしてください。スキルと知識を広げることが目標なのです。子どものためにゴールを設定するときは注意深く行ってください」(p.211-212)

サイドラインからの応援

子どものスポーツの試合を観戦しているとき、サイドラインから子どもやレフリーやコーチに向かって怒鳴っている親がいるのは、嫌なものです。スタンフォード大学の元学部長のジュリー・リスコット・ハイムスは「How to Raise an Adult　（大人の育て方）」(2015)で、「子どものスポーツ観戦では、親の方が、恥じて謝るべきひどい行動をとることがよくあり、まったく子どものお手本になりません」(p.33)と指摘しています。自分の子ども

子どもの日程に合うように練習のルーティンと時間を決めましょう

練習は計画的に行い、特定のスキルや要素について決めた分量を練習するようにしましょう

練習をいつでも始められるように、必要な道具や器材はひとまとめにして同じ場所に置いておきましょう

ゴールを決めることを奨励し、昨日学んだことに今日の練習を繋げるようにしましょう。（「今日のピアノ曲練習では、昨日よりもミスを少なくしようね」）

気が散ったら間に休みを入れて、エネルギーを充電し、集中力を取り戻しましょう

長期的なゴールへの進歩を記録する表やアプリを使いましょう。モチベーションが上がるかもしれません

親も、趣味やスポーツや仕事やそのほかの作業を通じて、計画的に練習するお手本を見せましょう

練習時間の長さは子どもの年齢にあったものにしましょう。年齢が低いほど練習時間も短くしましょう

完璧さではなく、一生懸命に努力したことを褒めましょう

クリエイティブな方法で、練習を楽しくしましょう。（たとえば、単語を砂の上に書いたり、目をつぶってバスケットボールをドリブルしたり）

図 13：効果的な練習のための提案

が間違ったり、100%の力を発揮できなかったり、コーチやレフリーに叱られたりするのを見ながら、しなやかマインドセットを保つのは困難かもしれません。試合の興奮にあまりにも引き込まれて、つい口に出してしまった言葉が、子どものマインドセットに強い影響を与えかねないということを、私たちは忘れがちです。

　スポーツの試合や演奏会のとき、子どもの努力を褒めたり（「よくがんばったね！」）リスクを取ることを励ましたり（「やってごらんよ！」）成長を褒めたり（「そう、その調子！」）することがしなやかマインドセットなのです。親からこうしたメッセージを受ければ、子どもはアクティビティに十分に参加しながら、しなやかマインドセットをも強めることができます。しかし、ダンスのパフォーマンスであれスポーツの試合であれ、親が横から子どもの一挙手一投足を指示することもあります。こうしたサイドラインからの親の指示に常に頼るようになると、子どもは自分で行動できない、ただの聞き上手になってしまいます。ステージやフィールドでの問題を自分自身で解決する責任から解放され、次の行動を親や大人に任せるようになってしまいます。こうした過度の干渉は、子どもの自立を妨げ、マインドセットについて混乱を招いてしまいます。

　Changing the Game Project（2015）という団体（訳注：子どものスポーツを子ども中心にしようという趣旨の団体）の創始者でCEOのジョン・オサリバンは「サイドラインでコメントを発し続けたり、選手の動きやプレイをいちいち後知恵で批判したり、ベストを尽くしても失敗した選手に怒鳴ったりするようなコーチや親は、恐怖の文化を作り出し、子どもたちをスポーツから遠ざけてしまっている」と述べています（19段落）。だれも、若い選手がスポーツを断念するのは見たくないでしょう。ところが最近のリサーチによれば、13歳までの子どもの70%がスポーツから脱落しているといいます。おもしろくないからです。ジョー

応援に相応しい言い方

スポーツの試合で親が、「シュートを決めろ！」や「最高
だよ！」などと言うのをよく耳にします。善意で行っている
ことでも、こうしたコメントは硬直マインドセットを強化す
ることになり得ます。スポーツの試合や競技のときに親が使
うとよい、しなやかマインドセットの言い方を紹介しましょ
う。

- 一生懸命にやってるね！　その調子だよ！
- よくやった！　チームワーク抜群だね！
- 大丈夫！　次のチャンスがあるよ。努力し続けよう
- よくがんばった！
- 習ったことを使うチャンスだよ！
- 困難を乗り越えよう！
- 挫折しないで！　きっとできるよ！
- チームでがんばれ！
- ベストを尽くそう！
- 練習の成果が見えたよ！
- 努力の甲斐があったね！
- その調子！　みんなでがんばれ！
- いいぞ！　よくなってるぞ！
- きっとできるよ！
- きみのがんばりを誇りに思うよ！
- 前向きな態度がいいね！

図14：応援に相応しい言い方

ジ・ワシントン大学の運動科学のアマンダ・ヴィシク教授は、150人の子どもにスポーツのどこが楽しいかアンケート調査をしました。すると81個の答えが得られ、「勝つこと」はその48番目でしかありませんでした。上位の答えは、チームのポジティブなエネルギー、努力すること、ポジティブな指導、学ぶこと、などでした（Rosenwald, 2015）。図14は、**相応しい応援方法**の提案です。

スポーツチームのトライアウトにしなやかマインドセットでアプローチ

　スポーツチームのトライアウトほど家族全体にとってストレスになるものはありませんね。高校の部活のようなレベルならなおさらです。別々の学校に通う二人の高校1年生が、それぞれサッカーチームのトライアウトを受ける過程を追ってみる機会がありました。二人とも1年生のときすでにサッカー部で活躍してきた選手ですが、一人の青年はもう一人より、ずっとしなやかなマインドセットを持っていました。

　青年のうちの一人ドミニクの母親は、ドミニクがトライアウトの説明会に参加してから普段と違う練習をし始めたのに気づいた、それはしなやかマインドセットの一例と思えると言います。そこで私たちはメリーランド州ミドルタウン高校のサッカーの代表チームのコーチ、ジェフ・コルシュに話を聞きに行きました。ドミニクはトライアウトの説明会でスキルカードというカードをもらいました。そこには、いくつかの重要なスキルについてのドミニクのレベルが記されています。8月のトライアウトに先立ってスキルを測定する会が5月に催されました。コーチと副コーチのアントニー・ウェルチは、会場にいくつかのエリアを設置して、それぞれのエリアですることのお手本を見せましたが、特に目標

ミドルタウン高校サッカースキル、スコアシート2015年度

選手名 _____

アウトサイド 右足ドリブル	アウトサイド 左足ドリブル	インサイド 右足ドリブル	インサイド 左足ドリブル
右足ー低 ターゲット/10	左足ー低 ターゲット/10	右足チップハイ ターゲット/10	左足チップハイ ターゲット/10

図15：サッカースキル・フィードバック用紙

値は示しませんでした。生徒たちはそのエリアを一つずつ回って自分のスキルを測定してもらいました。最後にコーチたちが言ったのは、生徒一人ひとりが自分のスコアを向上させるために、トライアウトの期日まで、自分とたたかって練習してほしいということでした。生徒は一人ひとり、スコアを記入したカードを持ち帰りました（図15がコルシュコーチのフィードバックシートのサンプルです）。

　ドミニクはトライアウトまでの（夏休みの）間、一定期間に一つずつ、スキル向上のためのエリアを裏庭に作って、パフォーマンスを上げる努力をしました。こうしてドミニクはトライアウトまでに成長しスキルを向上させました。

　ミドルタウンの遠くに住むジェイコブも高校のサッカーチームに入りたいと思っている中学3年生です。彼の高校でも5月に説明会がありましたが、スキルを試すクリニックではありません

でした。コンピュータのパワーポイントを使って、スポーツ参加の心得や、必要な健康診断書や、スケジュール表などが映し出されました。8月のトライアウトに備えるためのゴールなどについては、ただ一点の説明があっただけでした。「二軍のチームなら、1マイルを7分で、一軍のチームなら、1マイルを6分で走れるように、夏の間計画を立てて練習するように」

　説明会の後、車の中で親にトライアウトにどう備えるかと聞かれたジェイコブは、「何もしなくてもいいんだ。だって、ぼくはもう1マイルを6分で走れるからね」と答えました。確かにそうなのです。パフォーマンスの目標を前もって決めてしまうことで、コーチはすでにジェイコブはそれをクリアしていると、伝えたも同然なのです。コーチがこうした目標値を決めたのは、若い生徒を奮い立たせようとしたのかもしれませんが、すでにその目標値に達している生徒にとって、それがどういう意味を持つかは考えなかったのでしょう。コルシュコーチが生徒たちに与えたのは、上達に焦点を当てた予定表でした。一方ジェイコブは、夏の間に上達する余地はありませんでした。

　コルシュコーチは、しなやかマインドセットに焦点を当てたコーチングは簡単なことではないし、スタッフにとっても、コーチの方法を見直したり、成長したりすることを余儀なくされたと言います。5月のフィードバック・ドリルについても、「スキルの査定にこぎつけるまで4年もかかった」と言います。「トライアウトは、今までチームにいた生徒も含めて、みんなにとっての新しいスタート」でもあるのです。チームに選ばれないことは、子どもによりも、むしろ親にとってつらい場合があると、コーチは言います。

　　本当にたくさんの生徒がトライアウトに参加します。あるチームではスター選手でも、ほかのチームには選ばれな

いかもしれません。これはマインドセットに繋がる問題です。若者のスポーツで最も避けるべきことは、特に優秀な選手を早まって決めてしまうことです。それには何の意味もないし、親にも選手にも硬直マインドセットを植え付けてしまうことになりますから。

　コルシュコーチのしなやかマインドセットの説明会のおかげで、ミドルタウン高校のサッカーチームは劇的な成功を収めました。2015 年の州大会で、コルシュとウェルチの二人のコーチの率いるチームが 22 年間で初めて優勝を果たしたのです。

失敗するときは大きく失敗しよう

　カーニー・フランシス・ブランダマーは、20 年の経験を持つフィールドホッケーのコーチです。ここ 5 年ほどは、メリーランド州ロックビルのトマス・S・ウートン高校の上級チームのコーチを務めています。とても強いチームで、この 5 年間の成績は 67 勝 12 敗 1 引き分けでした。同じ高校の二軍チームのコーチは妹のレスリー・フランシス・ストロートが務めています。ブランダマーコーチは妹と共に、この高校のチームの練習やフィードバックやチームの方針に、少しずつ、しなやかマインドセットを取り入れて、チームを次のレベルまで高めたいと考えました。

　コーチは二人とも、この高校で授業も教えていたので、勉強面でもこのコミュニティが類まれなほど優秀で、そのため、成功することが周囲からも強く求められているコミュニティであることを知っていました。そこで二人は、キャロル・ドウェックのマインドセットをこの高校の女子生徒たちに適用したいと考えるようになりました。ブランダマーコーチはこう述べています。

　（優秀であることは）　外からはよいことに思えるかもしれ
ません。ここの生徒たちは、ほとんどどんなことにでも成
功しているのですから。しかし、これは実は危険でもあり
ます。失敗をとても危険なことと考えるようになり、大き
なチャレンジをすることを子どもたちに思い留まらせてし
まっていたからです。生徒たちは非常に大きな不安感を持
ち、燃え尽きたり、楽しんでいたアクティビティから早々
と「引退」してしまうようになりました。

　コーチを始めて数年間、彼女は生徒たちが失敗を恐れるあまり、
かたくなになり、ひどく緊張するのに気づきました。そして、生
徒たちがリスクにチャレンジすることに不安感を持たないような
雰囲気を作りたいと決心したのです。

　　生徒たちにしなやかマインドセットを教え強化しなくて
はなりませんでした。苦しくてもいいと思えるようになる
体験をさせようとしました。そして生徒たちには、学習す
ることこそが目的だと説明したのです。リスクを冒すこと、
チャレンジすること、苦しいときにこそ成長できるのだと
話しました。

　そのため、二人のコーチは中央アトランティックのトップチーム
と試合をする機会を求めました。これまでの地域リーグの枠を
超える試合にチャレンジさせたのです。
　そして今まで負けたことのないウートン高校のチームが、５対
０でトップチームに負けたとき、ブランダマー・コーチはチーム
に心底満足し、選手たちに次のように、これまで見られなかった
ほど強いしなやかマインドセットを見出しました。

　私の生徒たちは疲れ切ってへとへとでした。これほどの
点差で零封されるという、今までにない体験だったのです。
それなのに、彼女たちは楽しかったこと、学んだこと、
チャレンジしたこと、試したことなどを、楽しそうに話し
ていました。そんなことは今までになかったことでした
……私のチームは軽やかで、楽天的で、自分たちの努力を
誇りに思っていました。こんな変化は正直言って、見たこ
とのないものでした。

　二人のコーチは、これをどう成し遂げたのでしょう？　まず二
人は、エラーのないゲームは求めませんでした。むしろ、あると
きのハーフタイムのときに、ブランダマー・コーチは選手たちに、
テニスの著名選手ビリー・ジーン・キングの言葉を伝えました。
「勇敢になりなさい。エラーをするなら、大きくしなさい」と。
ためらわずに「全てを尽くし」、エラーから学ぶようにと選手た
ちに伝えたのです。有名なカリフォルニア大学ロサンゼルス校の
バスケチーム監督のジョン・ウッデンも、エラーのないゲームを
求めることはありませんでした。そしてチームを 10 回もNCAA
全米大学体育協会男子バスケットボールトーナメントのチャンピ
オンシップへと導いたのです。ドウェックは、ウッデン・コーチ
はチームに、決して負けるなとは要求せず、精一杯努力すること
を要求したと言います。「勝った？　負けた？」ではなく、「ベス
トを尽くせただろうか」と尋ねるべきなのです。そうすれば、
ウッデンが言うように「大差で負けても、**それは敗北ではない**」
のです（Dweck, 2006, p.207）。ウッデン監督のように、二人の
コーチは選手たちが学んで進歩することに焦点を当てたのです。
　コートのサイドラインにいるときのブランダマー・コーチは大
変活発です。しかし彼女がゲーム中に選手たちに与えるメッセー
ジはしなやかマインドセットに基づいたものです。たとえば、

「みんな、1年生の彼女がどれほど一生懸命に努力しているか、見てごらん！」と、まだ若くて経験が浅いのにゲームに大きく貢献している1年生の選手の、何よりも努力に目を向けているのです。一人の選手をコートから出すときには、「なぜ出したかわかる？」と問いかけます。ミスを正したり指示を与えるときでも、選手が学び成長することを常に目標としているのです。選手たちはコーチたちの言葉を自分たちも繰り返すようになり、成長した結果2015年には州のチャンピオンシップに出場するまでになったのです。

> ミスを正したり指示を与えるときでも、
> 選手が学び成長することを
> 常に目標としているのです

　2015年10月には、『ワシントンポスト』紙にこのチームのことが載りました。タイトルは「成長し続けるウートン高校フィールドホッケーチーム」。最上級生のマリサ・モラキスという選手のしなやかマインドセットについて述べられていました。

　　2年前、ウートン高校のフィールドホッケー・チームは、メリーランド州4Aチャンピオンシップゲームで、シーズンで初めてかつ唯一の負けを喫した。しかし、カーニー・ブランダマー・コーチにとって忘れられないのは、チームの不備や失敗ではなかった。
　　コーチの記憶に残っているのは、相手チームが21度目のチャンピオンになった喜びを祝っていたとき、ウートン高校の2年生選手マリサ・モラキスが大きな満足感を味わっていたことだった。それこそがコーチが何年もかけてチームに培ってきた哲学の結晶であったから。

　コーチはヴィンス・ロンバルディやジョン・ウッデンの
コーチの仕方を学び、優秀なコーチたらんと努力をしてき
た。しかし彼女の福音となり、選手たちへと毎日浸透して
いった教義は、スタンフォード大学区の心理学者キャロ
ル・ドウェックのコア理論であった。2013 年のシーズン
が終わったとき、コーチの見たモラキス選手の姿こそが、
しなやかマインドセットだったのだ。

　モラキスは「精一杯努力しました。これ以上のことはで
きませんでした」とコーチへ言ったのだ。コーチは幸せ
だった。

　それから二年後モラキスは、チーム 14 人を率いる最高
学年となり、バックネル大学への入学も決まった。ウート
ン高校のホッケー・チーム「ペイトリオッツ」は 3 位に
ランクされ、モンゴメリー郡では 1 位のチームとなった。
しかし、ウートン高校は、自分たちに成功したチームとい
うラベルを貼るような、硬直マインドセットは望まない。

　「能力を褒めれば、もう自分の能力以上には進歩しない
というメッセージになってしまいます。でも代わりに努力
を褒めれば、成長の可能性が無限に広がるのです」とブラ
ンダマー・コーチは言う。

　「得点は必ずしもチームが学んだことの分量やスキルを
表すものではありません。自信を持ちすぎないことが重要
だと私は思います」とモラキスは語っている。

（Kasinitz & Hiatt, 2015, 10-16 段落）

コーチへの提案

　子どものスポーツチームのコーチとして親がかりだされること
がよくあります。サッカーチームをほんの短い間指導することも、

リトルリーグのコーチを10年も務めることもあるでしょう。チームの構成や、基本的な技術の教え方といった単純なことも、新米のコーチにとっては頭の痛いことです。しなやかマインドセットの概念をチームに取り入れていくにはどうしたらよいでしょうか？　ブランダマー、コルシュ、ストロート、ウェルチといった名コーチが、チームのパフォーマンスにしなやかマインドセットを取り入れてチームを率いたのは、偶然ではありません。彼らは前向きな推進力と成長に焦点を当てた環境をどう作ればよいかを、計画的に決めていったのです。そのいくつかを紹介しましょう。様々なスポーツのコーチングに適用できるヒントです。

- **各人に最大の努力を求めよう**：そのためには、一人ひとりの「学習ゾーン」を理解していなければなりません。その子にとって、公園をぶらつくぐらい簡単でも、エベレストに登るほど難しくてもいけないのです。また、子どもが最大の努力をしていないのに、「懸命な努力」を褒めるのは、まったく意味がありません。
- **困難な状況をあえて計画しよう**：複雑なプレイをさせたり、技術の高い熟練した選手のプレイを見て学ぶ機会を作ったりしましょう。また、選手が失敗するような筋書きをあえて作って、特別な練習をさせてみましょう。練習や新しい体験をしたら、何がうまくいったか、どこを改善すればよいか、チーム全体が成長し続けるためにどんな技術が必要かなどについて、話し合いをしましょう。
- **チャレンジを褒めよう**：しなやかマインドセットを持つということは、ときには失敗することがわかっているということです。子どもたちが、きちんと計画されたチャレンジに自信を持って立ち向かえるようにしましょう。
- **失敗を学習のプロセスととらえよう**：失敗を学習プロセス

のステップだと説明すれば、子どもは失敗は一時的な後退に過ぎないと理解します。重要なプレイを復習する時間を作って、ほかの方法があったかどうか、ほかの選手ならどうしたかなどを話し合うことが重要です。

● **マインドセットについて説明しよう**：保育園児には「今日はベースに向かって走る練習をして、脳を育ててみよう」のように単純な説明をしたり、10 代の選手には「今日のドリルで、この前話した神経細胞の繋がりを作ろう」のように説明しましょう。神経科学の語彙や例を使うことで、運動選手にとってしなやかマインドセットがいかに重要かということを強調することができます。

● **しなやかマインドセットを観客にも伝えよう**：しなやかマインドセットの環境を作って強化していることを、ほかの親たちにも伝えましょう。サイドラインから指示するのではなくて、協力的な褒め方をすることを励行しましょう。

● **選手の成長を褒めよう**：練習によってスピードや機敏さや技術が向上したことに気づき、注意を向けましょう。どの子どもが（あるいはプロの選手が）しなやかマインドセットや努力する意識を持っているか、チーム全体と話してみましょう。

七転び八起き

日本の古いことわざ「七転び八起き」は、子どもたちが芸術やスポーツのパフォーマンスを楽しく行っていくのに不可欠な、不屈の精神を言い表しています。親として私たちは、自分の弱点を見つけてやり直すことことがいかに大切なのか、そのお手本を示さなくてはなりません。最高レベルの競争であれば、それが写真コンテストであれ、スキージャンプの大会であれ、自分の弱点を

知ってそこから学ぼうと強く願うことが求められています。テレビでオリンピックを見ていると、競技の後で、自分自身のパフォーマンスをどう思ったかと選手が尋ねられていることがよくあります。このようなとき、選手が、技術面について答え、次はどうすれば改善できるかを述べていることがよくあります。学習と改善に集中すること、これこそが、しなやかマインドセットのポイントなのです。

> 学習と改善に集中すること、これこそが、
> しなやかマインドセットのポイントなのです

　スポーツ管理コンサルタントのケリー・グレイは 2015 年にこう述べています。「チャレンジして失敗することによって、選手は何がよくて、何がよくなかったのかがわかるようになります。すると、失敗をしようとしない選手よりもずっと早く進歩し成長することができます」(12 段落)
　スポーツでも音楽などのパフォーマンスでも絵画展でも、一時的に後退することは子どもたちにとって（そして親にとっても！）つらいことですが、それは、また努力をしようという合図なのです。

第8章

家庭で育てる
しなやかマインドセット

「家庭でマインドセットに気をつけるようになって、娘の学習態度に違いが見えるようになりました」

——エイミー（二人の子どもの母親）

　第 7 章まで読んできて、マインドセットについていろいろなことを考えるようになったかもしれませんね。家でしなやかマインドセットを育てる粘り強さが自分にはあるだろうかと思っている人もいるでしょう（ありますとも！）。ここまで読んで得た情報や考え方を、日常生活に取り入れてみましょう。「さあ居間に集まってマインドセットの話をしましょう！」と家族に持ちかけても、あまり効果はないでしょう。それよりも、毎日の会話にマインドセットの言葉を組み込んでみましょう。たとえば、小学生の子どもに寝る前に本を読み聞かせているときなどがいいですね。本の登場人物について考えて、子どもと話し合いましょう。たとえば、小さい機関車が丘を登れなかったら、どうなったと思う？のように、登場人物についてこんなことを尋ねてみましょう。

- もし粘り強くがんばらなかったら、お話はどう変わったと思う？
- なぜあきらめなかったのかな？
- 機関車には、しなやかマインドセットがあるだろうか？なぜそう思うの？
- 機関車は、間違いや失敗に、どう向き合ったかな？

　家の本棚に並んでいる本について、こんな質問をすることができますね。図 16 は、マインドセットの会話に適した本のリストです。どんな質問をしたらよいか、いくつか例も記しましたが、

タイトル	著者	登場キャラクター	マインドセット	子どもに聞いてみましょう
				絵 本
A Little Bit of Oomph!	Barney Saltzberg	特になし	しなやか	「よいしょっ！」はどんな意味かな？ 絵本に出てくる種なんとは、なぜ「よいしょっ！」が必要なのかな？ 作者はどう思ったのだろう？ ちょっと「よいしょっ！」はどうして、しなやかマインドセットに必要だと思う？
Almost	Richard Torrey	ジャック	しなやか	「もう少しでできる」と「まだできない」とは、どんなふうに似てると思う？
Beautiful Oops!	Barney Saltzberg	特になし	しなやか	作者はなぜこの本を書いたのだろう？ 読んでみて、失敗についてどんなことがわかった？ 失敗を、前向きなことに変えるにはどんな方法があるだろう？
Bounce Back! A Book About Resilience	Cheri J. Meiners	女の子	しなやか	きっと「はねかえせる」ってどんな意味だろう？
Dream Big, Little Pig!	Kristi Yamaguchi	ブタのポピー	しなやか	ポピーは、ダンサーや歌手やモデルになるのが夢なんだね。でもその夢をじゃましていたのはなんだろう？（練習？ 努力？）でも最後にポピーがアイススケートがうまくなったのは、なぜだと思う？
Everyone Can Learn to Ride a Bicycle	Chris Raschka	子ども	しなやか	その子は目転車に乗れるようになるのに、どんなことをしてみたのかな？ その子はどんな子だと思う？
Giraffes Can't Dance	Gile Andreae and Guy Parker-Rees	きりんのジェラルド	両方	ジェラルドはダンスなんてできないと思っていたのに、気持ちが変わったのは、なぜだと思う？
Penelope Perfect: A Tale of Perfectionism Gone Wild	Shannon Anderson	ペネロペ	硬直のちしなやか	お話のはじめでは、ペネロペは全てなんでもパーフェクトにしてたよね。パーフェクトにすることがペネロペにとって、どうしてそんなに大事だったんだろう？

図16：マインドセットの会話に適した本のリスト

		ミレット	しなやか	ミレットはどんな考え方（マインドセット）をしてると思う？ どうやって綱渡りができるようになったのだろう？
Mirette on the High Wire	Emily Arnold McCully	ミレット	しなやか	ミレットはどんな考え方（マインドセット）をしてると思う？ どうやって綱渡りができるようになったのだろう？
Matthew's Dream	Leo Lionni	ねずみのマシュー	しなやか	絵描きになるだろうと決めたマシューは、どんなことをして有名な絵描きになったんだろう？
Making a Splash	Carol E. Riley	リサとジョニー	リサ：しなやか ジョニー：硬直	水に沈みかけたとき、リサは何をしましたか？ その経験からなにを学んだと思う？
The Most Magnificent Thing	Ashley Spires	女の子	しなやか	小さい女の子があきらめなかったのは、なぜだと思う？
Odd Boy Out: Young Albert Einstein	Don Brown	アルベルト（子どもの頃のアインシュタイン）	しなやか	アルベルトの先生はなぜ「きみは絶対に成功しないよ」と言ったのだろう？ でもアルベルトは、どんなふうにして、しなやかマインドセットがあることを証明したと思う？
Rosie Revere, Engineer	Andrea Beaty	ローズィとローズおばさん	ローズおばさん：しなやか	失敗したとき、子どもたちが立ち上がって声援を送ったのはなぜだろう？
Ruby's Wish	Shirin Yim Bridges	中国の女の子ルビー	しなやか	おじいさんは、なぜルビーが大学に行くのを許してくれたのだろう？ おじいさんはどんな考え方（マインドセットで）をしたと思う？
Someday	Eileen Spinelli	小さい女の子	しなやか	いつか大きくなったらしたいことのために、女の子はどんな準備をしているかな？
Stuck	Oliver Jeffers	フロイド	しなやか	フロイドは、どうしてあきらめなかったのだろう？
Thank You, Mr. Falker	Patricia Polacco	読字障害ディスレクシアのある女の子トリーシャ	硬直のちしなやか	トリーシャのどんなところが、硬直マインドセットだったのだろう？

Walk On! A Guide for Babies of All Ages	Maria Frazee	赤ちゃん	しなやか	赤ちゃんが歩くことを覚えるのと、しなやかマインドセットを使って新しいことを学ぶのとでは、どんなところが同じだろう？
Wilma Unlimited	Kathleen Krull	小児麻痺を克服したオリンピック金メダリストのウィルマ・ルドルフ	しなやか	ウィルマはどのように障害に負けずにやり通したのだろう？
物語の本				
Charlie and the Chocolate Factory	Roald Dahl	チャーリー	しなやか	ウィリー・ウォンカのマインドセットは、しなやか？ 硬直？ それとも両方？ どうしてそう思う？
Fish in a Tree	Lynda Mullaly Hunt	アリー	しなやか	P239でダニエルズ先生がみんなに「だれにでも困難にくじけない勇気があるのだよ」と言います。それはどんな意味だと思う？
Flutter: The Story of Four Sisters and an Incredible Journey	Erin E. Moulton	メイプル	しなやか	旅のあいだにメイプルとドーンは、しなやかマインドセットを使いました。二人は正しい決断をした？ しなやかマインドセットのせいで、危険なことになるかもしれないのはどんなとき？
Holes	Louis Sachar	監視員、ミスター・サー、ミスター・ペンダンスキー、少年たち	硬直	このお話の大人たちは、ある意味でしなやかマインドセットを持っていました。埋まっている宝物を探させようと、監視員が少年たちに何年も穴を掘らせたからです。このお話で、大人がどんな硬直マインドセットの行動をとったか、考えてみましょう。硬直マインドセットとしなやかマインドセットの両方を持つことは可能だと思いますか？
The Miraculous Journey of Edward Tulane	Kate DiCamillo	うさぎのエドワード	両方	エドワードのマインドセットが変わったのはなぜでしょう？ エドワードの人生で、彼の内面のなにが変わったのだと思いますか？
Wonder	R. J. Palacio	サマー	しなやか	サマーのマインドセットは、硬直マインドセットですか？ しなやかマインドセットですか？ なぜそう思うのか、本の中から選びましょう。

図16：マインドセットの会話に適した本のリスト（続き）

自分で考えた質問を問いかけるのもいいですね。

家庭でしなやかマインドセットを育てるヒント

家庭にしなやかマインドセットの環境を作るヒントです。目に入るもの、耳に聞こえるもの、家族はどんなことをしたらよいかをリストにまとめました。

目に入るもの：
- 冷蔵庫に貼った、子どもの成長や進歩や努力を記録した紙（Aの成績表だけではなくて）
- 親と子どもが一緒に努力している様子
- 考え方を伸ばすゲームやパズル
- 楽観的な考え方
- 後退しても回復力を見せること

耳に聞こえるもの：
- 「まだ理解できないんだよ」
- 「すごく努力したんだね！」
- 「とっても進歩したね」
- 「そのことで、とても成長したと思うよ」

ほかのアイディア：
- 結果よりプロセスに重点を置く
- 勤勉さに価値を置く
- 子どもが悪い成績を取って帰ってきても、冷静さを保ち、しなやかなマインドセットで対応すること
- 子どもの年齢に相応しい目標を立てること

また、子どもが柔軟に考えを変えられるように、粘り強くがんばって成功した著名人の写真やポスター、失敗してもまた努力すればいいという意味の言葉などを、目につくように貼っておくのも、しなやかマインドセットの環境作りに役立ちます。本書の付録Bのしなやかマインドセットポスターなども、子どもの部屋や勉強する場所に貼っておけばよいでしょう。

幼児と保育園児のための しなやかマインドセット

　毎日の生活の中にある、しなやかマインドセットを育てるチャンスをキャッチすることは、特に幼児や保育園児の場合重要です。子どもに独立心を与えながら、すぐできなくてもいいんだということを教えます。幼稚園に入ったばかりの子どもの100％がしなやかマインドセットを持っていることは、第1章で紹介しましたね。でも3年生になるころには、勉強に関しては42％の子どもがすでに硬直マインドセットを持つようになっているのです。幼児や保育園児の間にしなやかマインドセットを強化しておけば、学校に入ってもそれを保ち続けるでしょう。

　しなやかマインドセットを強化するチャンスの例を見てみましょう。

　　ノエル（4歳）がコートを着ようとしていますが、袖がうまく通りません（袖の中に帽子と手袋が詰め込まれていたからです）。おばあちゃんが、イライラしているノエルに気づいて、かけ寄って助けしようとしたとき、ノエルのお母さんがやってきました。お母さんは、おばあちゃんが助けようとしているのを制止して、ノエルに「どうしたの？」と尋ねました。そして、帽子と手袋が袖に入っていること

を、やさしく思い出させました（ノエルはそれにもう気づいていたかもしれません）。そして、どうすれば問題を解決できるか、ノエルに聞きました。お母さんがノエルの問題を解決するのではなく、ノエルに解決する機会を与えたのです。袖の中の障害物をはずして、自分でコートが着られるようになる機会を。

　これは、しなやかマインドセットを育てるチャンスについての例です。ちょっとした問題なら親が解決してやった方が手っ取り早いし、イライラしている子どもを素早くなだめることもできるでしょう。忙しい朝は、時間もないでしょう。「ほら靴を持ってきてあげるよ」「やってあげよう」と問題を早く解決する方法もあるかもしれません。でも、それは子どもにとって、「お前は自分ではできないだろうから、お母さん（お父さん）がやってあげよう」というメッセージになりませんか？　苦労も、学んで成長するために大切なことなんだと教えれば、大きくなってもきっと役立ちます。親にとっても忍耐力のいることでしょう。でも、子どもがスキルを身につけられるように、必要な時間を与えてあげましょう。

こんな例も見てみましょう。

　ケインは恐竜の骨の3D立体パズルを誕生日にもらいました。ケインは恐竜が大好きなのです。どのプレゼントよりも真っ先に恐竜パズルを開け始めました。そしてうれしそうにパズルのピースを床に投げ出して、箱の絵を見ながらさっそく組み立て始めたのです。10分ほどでパズルが完璧にでき上がりました。お父さんは喜んで「やったね！本当にケインはすごく頭がいいよ！　だれにも手伝っても

らわなくてもできたんだから！　ケインは近所で一番賢い
子だよ！」と叫び、お母さんも家族のみんなもお父さんの
言葉にうなずきました。ケインはニコニコ顔です。

　お父さんもお母さんもケインもハッピーです。そのどこがいけ
ないのでしょう？　問題は、せっかくのしなやかマインドセット
を育てるチャンスを見逃したことです。しなやかマインドセット
のためには、どんなことを言えばよかったでしょうか？　ケイン
が3Dパズルを作り上げたときに、どう言えばしなやかマインド
セットを育てるよい機会になったと思いますか？

　下の枠内に書いてみましょう。

　この本を友だちやグループで読んでいるのなら、あなたの書いた答えをみんなで話し合ってみましょう。一人で読んでいるのなら、あなたの答えを検討してみましょう。みんなが書いているのはケインの結果ですか、プロセスですか？　ケインの努力や方法に価値を置いていますか？　どんなに早くできたかは、関係ありますか（関係ありませんね）？　パズルを組み立てるプロセスや方法、ケインの粘り強さや努力を重要視するのがよい褒め方です。たとえば、箱の絵を見てどうすれば完成するかを、ケインは目を使って確かめました。あなたの褒め言葉はケインに、どのように伝わるでしょうか？　ケイン自身が自分の能力についてどう考えるか、また、ケインの親の価値観にとって、あなたのメッセージはどんな意味を持つでしょう？　次にもっと難しいパズルをするとき、ケインの粘り強さにはどんな影響が出ると思いますか？

保育園児に適した動画のリスト

● 何でも学べるよ（https://www.khanacademy.org/youcan learnanything）―― この１分半の短い動画は、だれでも「ゼロ」から始めるんだということ――学習には苦しみや挫折感が伴うことがあるけど、根気があればどんなことでも学べると、子どもたちに教えています。

● 脳の秘密（https://www.classdojo.com/bigideas/?utm_source=twitter&utm_medium=social&utm_campaign=2016-01-19 BigIdeaVideo01% 20-%202zrtHt3bBmQ#2zrtHt3bBmQ）――モジョは友だちのケイティーから、学ぶことについての考え方を変える秘訣を教わりました！

● 失敗のマジック（https://www.classdojo.com/bigideas/?utm_source=twitter&utm_medium=social&utm_campaign=2016-01-19BigIdeaVideo01#rgMeWhJW7I）―― モジョはロボッ

ト作りコンテストに参加して、思いがけない貴重なものを手に入れました。新しいマインドセットです！

● セサミストリート：ジャネール・モネイ――「まだ」のパワー（https://www.youtube.com/watch?v=XLeUvZvuvAs）――自分を信じ、懸命に努力し、集中し続ければ、いつかあなたは自分の望むことを達成できます。それが「まだ」のパワーです。

● セサミストリート：ブルーノ・マーズ――あきらめるな（https://www.youtube.com/watch?v=pWp6kkz-pnQ）―― 歌手ブルーノ・マーズはあきらめないということについて歌っています。

こうした動画を子どもと一緒に見ながら、それぞれの動画からどんなことを学んだか、話し合いましょう。学んだことをどう使えばいいか、子どもに尋ねてみましょう。

目標を決めましょう

子どもと一緒に目標を決めるのも、しなやかマインドセットを育てるのに役立ちます。図17は、幼い子どもと目標を立てる例です。子どもが何を覚えたいと思っているか、話し合ってみましょう。どこから始めればよいか、目標を達成するための方法についても話しましょう。親が書き込むのではなくて、子どもと一緒に書き込むとよいでしょう。各質問についてよく考えさせながら書いていきましょう。図18では目標の例を示しましたので参考にしてください。子どもがゴールに達しているところを絵に描かせれば、目標を視覚化するのに役立ちます。

図19は、年長の子ども向けのサンプルです。子ども自身が、しなやかマインドセットを育てることに特に焦点を当てて目標を

しなやかマインドセットのゴール

名前：_____　日付：_____

私（ぼく）のしたいこと：

_____

_____

今できること：

_____

_____

覚えたいこと：

_____

_____

練習したいこと：

_____

_____

ゴールに向かって努力している自分の絵を描いてみよう。

☐　ゴール達成！　また新しいゴールを決めよう！

☐　このゴール達成のために、まだがんばってるよ！

図17：しなやかマインドセットのゴール

しなやかマインドセットのゴール

名前：＿＿ジョセフィーン＿＿＿＿　日付：＿4月1日＿

私（ぼく）のしたいこと：

晩御飯のとき、ひとりでテーブルにお皿が並べられ

るようになる

今できること：

お兄ちゃんが並べるのを手伝う

覚えたいこと：

お皿やナイフやフォーク、スプーンなどを、正しく

並べること

練習したいこと：

お皿のまわりにちゃんと置くこと

ゴールに向かって努力している自分の絵を描いてみよう。

☐　ゴール達成！　また新しいゴールを決めよう！

☑　このゴール達成のために、まだがんばってるよ！

図18：しなやかマインドセットのゴール（年少用サンプル）

しなやかマインドセットのゴール

名前：＿＿＿＿＿＿＿＿＿＿＿＿＿＿＿　日付：＿＿＿＿＿＿

しなやかマインドセットの目標：

＿＿＿＿＿＿＿＿＿＿＿＿＿＿＿＿＿＿＿＿＿＿＿＿＿＿＿＿＿＿

＿＿＿＿＿＿＿＿＿＿＿＿＿＿＿＿＿＿＿＿＿＿＿＿＿＿＿＿＿＿

いつまでに目標を達成したいか：

＿＿＿＿＿＿＿＿＿＿＿＿＿＿＿＿＿＿＿＿＿＿＿＿＿＿＿＿＿＿

＿＿＿＿＿＿＿＿＿＿＿＿＿＿＿＿＿＿＿＿＿＿＿＿＿＿＿＿＿＿

目標達成のための方法や必要なもの：

＿＿＿＿＿＿＿＿＿＿＿＿＿＿＿＿＿＿＿＿＿＿＿＿＿＿＿＿＿＿

＿＿＿＿＿＿＿＿＿＿＿＿＿＿＿＿＿＿＿＿＿＿＿＿＿＿＿＿＿＿

どのくらい目標に近づいたか　　　日付：＿＿＿＿＿＿

□　目標達成！　　□　部分的に目標達成

□　まだ達成していない

目標達成や、部分的達成や、まだ達成していないことがわかった理由：

＿＿＿＿＿＿＿＿＿＿＿＿＿＿＿＿＿＿＿＿＿＿＿＿＿＿＿＿＿＿

＿＿＿＿＿＿＿＿＿＿＿＿＿＿＿＿＿＿＿＿＿＿＿＿＿＿＿＿＿＿

試そうと思う新しい方法や、新しいしなやかマインドセットの目標：

＿＿＿＿＿＿＿＿＿＿＿＿＿＿＿＿＿＿＿＿＿＿＿＿＿＿＿＿＿＿

＿＿＿＿＿＿＿＿＿＿＿＿＿＿＿＿＿＿＿＿＿＿＿＿＿＿＿＿＿＿

＿＿＿＿＿＿＿＿＿＿＿＿＿＿＿＿＿＿＿＿＿＿＿＿＿＿＿＿＿＿

（新しい目標ができたら、新しい用紙に書き込みましょう）

図 19：しなやかマインドセットのゴール

Ready-to-Use Resources for Mindsets in the Classroom (p.138) M.C. Ricci, 2015, Waco, Texas, Prufrock Press © 2015 Prufrock Press より許可を得て転載

立てられるように作られています。ゴールに達しているところを絵に描いたりコラージュを作らせてもよいでしょう。目標達成したときのことを想像したり考えたりするよう促してもいいですね。

しなやかマインドセットの「冒険」

　親が不慣れな新しい体験をすることを通して、子どもにお手本を示したり指導したりする機会を作りましょう。これも、しなやかマインドセットの考え方を強化する方法の一つです。アンテナを張り巡らせていれば、こうした機会はどこにでも見つけることができます。でもそこに、親の硬直マインドセットが忍び込まないように注意することも大切です。次の例を見てみましょう。

　　公民館でバードハウスの作り方を教える家族向けのワークショップが開催されるというポスターを、二人の子どもを持つお父さん、ルイスが図書館で見つけました。ルイスの頭に二つの考えが同時に起こりました。

- 「イーサンもローラも鳥に餌をやるのが大好きだから、きっとすごく喜ぶぞ！　バードハウス作りを覚えたがるに違いない！」
- 「ぼくは釘だってまっすぐに打てないんだ。特に人前でバードハウスを作るなんて絶対無理だよ。子どもたちと一緒なんて、もっと無理に決まってるさ」

　このワークショップは家族みんなにとって、しなやかマインドセットの冒険になるかもしれません。子どもたちがバードハウス作りを習うそばで、お父さんも学ぶことができます。二人の子どもは、新しい技術を学び、粘り強さとレジリエンシーを身につける練習ができるでしょう。お父さんにとっても、しなやかマイン

ドセットのフィードバックや褒め方を使う、典型的なチャンスだと言えます。

　はじめは不安でうまくできないかもしれないと心配したり、挫折したりするかもしれませんが、これは、お父さんも木工の新しい技術を習って自信をつけることができるし、しなやかマインドセットのお手本を子どもたちに示すこともできる、大切な体験です。親が新しいことを学ぶのに苦心しているところや、苦手な分野で自信をつけていくところを見せるのは、しなやかマインドセットを進行形で子どもに見せる最もよい方法なのです。

　よく探せば、しなやかマインドセットの冒険に相応しい状況はたくさん見つかります。いくつか例を挙げましょう。

　たとえば、雪の中の家族ハイキングに挑戦してみるのはどうですか？　今度の土曜日に家族でハイキングに行こうと約束したときは、まさか雪が降るとは思っていませんでした。でも今日、土曜日は雪が積もっています。ここであなたにはチョイスがあります。ハイキングを取りやめるか、これを新しい冒険だと家族に伝えてチャレンジするか！　暖かい恰好をして、長靴を履いて、出かけましょう。もちろん雪道のハイキングはもっと大変だし、計画を調整する必要もあるでしょう。でも、困難や障害を乗り越えながら子どもたちと話をする機会がたっぷりできるはずです！

　都会育ちのあなたはキャンプのことは何もわかりませんが、友人の家族に一緒にキャンプに行こうと誘われました。あなたのチョイスは、丁寧にお断りするか、テントと寝袋を貸してもらってチャレンジすることです。テントを立てるときにも、友人の助けや助言が必要でしょう。火がなかなかおこせなくて挫折するかもしれません。でもこうしたことはどれも、しなやかマインドセットのチャンスなのです。こんな冒険をしながら自分の考えを声に出して言ったり、子どもたちにも手助けしてもらったりしましょう。大人になっても成長し学び続けることの重要さを、何よ

り強く伝えられるメッセージになりますよ。

　あなたは子どもと二人で、海辺を走る自転車をレンタルしようとしています。でもレンタル屋には、二人でこぐタンデム式自転車が１台しか残っていません。安くしてくれると言われましたが、あなたはタンデム式自転車に乗ったことがありません。ここであなたのチョイスは、自転車を借りるのをすっかりあきらめてしまうか、その自転車をレンタルして試してみることです。はじめは乗りにくいでしょう。忍耐力を試されるかもしれません。きっと何か滑稽なことが起きて、家族のジョークの定番になるかもしれません。でも、これもしなやかマインドセットの冒険のチャンスなのです。

　家にいるときにも冒険のチャンスを逃しているかもしれません。どうせできっこないと、新聞の日曜版のパズルを避けているかもしれません。今までは避けてきたけれど、新しいマインドセットで、あきらめずにやってみようと思うと、子どもたちに話してみませんか？　パズルに行き詰まったら、どんな方法を使えばいいか、一緒に考えればいいのです。成功しなくてもいいのです。あなたが恐れずに立ち向かっている姿を子どもに見せることができればいいのです。

　注意点が一つあります。「きっとできる」という態度が全てのことに当てはまるわけではないことを、子どもに理解させましょう。危険な結果を招くことがあります。たとえば、放課後のイベントに行った子どもが暗くなってから家に帰るとき、電話をして親に車で迎えに来てもらわなくても、「大丈夫。帰り道はわかってるから、夜でも一人で迷わないで歩いて帰れる」と子どもが考えてしまうかもしれません。こうした場合の粘り強さは、間違いです。こんな状況について子どもと事前に話し合っておきましょう。

　しなやかマインドセットのチャンスは毎日見つかります。レジ

リエンシーを養い、粘り強さを示し、日常の中に子どもたちがしなやかマインドセットを見出せるように、意識して、毎日チャンスを生かすようにしたいものです。

最後に

　テレビの朝番組にも雑誌にもSNSにも、子育てのアイディアがあふれています。何をすべきで、何をすべきでないか、あまりにもたくさんのアドバイスがあって圧倒されてしまいます。お互いに矛盾するアドバイスもあって、混乱したり嫌になったりすることもあるでしょう。さらに、親せきや、子育てを経験した友人からのアドバイスもあることでしょう。親はそれぞれ、子育てという重要な仕事についての自分の意見を持っているものです。ですから、こうした数多い助言や意見をフィルターにかけて、自分の家族に最も合うものを見つけなくてはなりません。

　マインドセットの概念と、子どもにしなやかマインドセットをしみ込ませることの重要性は、私たち一人ひとりにとっても、そして私たちが日常的に触れ合う子どもたちにとっても、大きな意味を持っています。子どもに大きな影響を与えるということが証明されているのです。学習方法や、子どもの褒め方や、自分自身の苦労や苦心や挫折への対応の方法が、マインドセットという概念によって変わったのです。私たちが、硬直マインドセット、しなやかマインドセット、神経可塑性、グリット、レジリエンシー、粘り強さなどについての情報を伝えると、「息子に照らし合わせて考えると、まったく納得がいくわ」「昔に戻って子どもの苦労に違うやり方で対応してあげればよかったな」「自分は頭がよくないと思って科学者になる夢を早くに捨ててしまったけど、今思えば、違った人生になっていたかもしれないな」といったコメントをよく聞きます。私たちがこの本を書こうと思ったたくさんの理由の一つがそこにあります。

> マインドセットの概念と、子どもにしなやか
> マインドセットをしみ込ませることの重要性
> は、私たち一人ひとりにとっても、そして私
> たちが日常的に触れ合う子どもたちにとって
> も、大きな意味を持っています。子どもに大
> きな影響を与えるということが証明されてい
> るのです。学習方法や、子どもの褒め方や、
> 自分自身の苦労や苦心や挫折への対応の方法
> が、マインドセットという概念によって変
> わったのです

　この本でお伝えした情報や提案が、家庭でしなやかマインド
セットを育てる助けとなることを願っています。新しいことを学
ぶ度に神経細胞の新しい結合ができるということをお忘れなく。
しなやかマインドセットのパワーを学んだあなたには、新しい神
経細胞の繋がりができたのです！　毎日、しなやかマインドセッ
トの考え方や、しなやかマインドセットの褒め方やフィードバッ
クを練習して、その結合をより強力にしていこうではありません
か！

付録A　解答やヒント

親のマインドセット・チェックシート　パート1

1. 子どもがテストでAを取ってきました。あなたは何と言いますか？
   A. すごいね！　頭いいね！……**硬直**
   B. よくできたね。Aが取れると思ってたよ……**硬直**
   C. やったね！　勉強した甲斐があったね！……**しなやか**

2. 子どもが宿題であまりよくない成績を取ってきました。あなたは何と言いますか？
   A. もっと時間をかけてやるように言ったじゃないか……**ニュートラル**
   B. 先生の点のつけ方が厳しすぎるよ。先生に話してみたらどう？……**硬直**
   C. この宿題はどんなやり方をしたの？　この次はどんなことに気をつけようか？……**しなやか**

3. スポーツの試合で子どもが得点を入れました。あなたは何と言いますか？
   A. すごいじゃないか！　きみの得点のおかげでチームが勝ったんだよ
      ……**硬直**
   B. やった！　一生懸命に練習した甲斐があったね！……**しなやか**
   C. ラッキーだったね！　おめでとう！……**硬直**

4. 発表会やイベントで子どもが上がってしまって、思ったほどパフォーマンスがうまくできませんでした。あなたは何と言いますか？
   A. すばらしかったよ！……**硬直**
   B. ベストなパフォーマンスじゃなかったね。少し上がってたんだね
      ……**ニュートラル**
   C. 満足していないみたいだね。この次は、どうすればもっとよく準備ができて、自信が持てるだろう？……**しなやか**

5. 子どもがゲームやパズルやアプリやコンピュータでわからないことがあって、とても時間がかかっています。あなたは何と言いますか？
   A. とても一生懸命にがんばっているね。あきらめないのはいいことだよ

……しなやか

B. もう十分努力したから、あきらめればどう？**……硬直**

C. かしてごらん、やってあげるから**……硬直**

6. 子どもが何でもすぐにあきらめたり、やめてしまいます。あなたは何と言いますか？

A. いろんなことに興味があるのは、いいことだね**……ニュートラル**

B. もう少しがんばってごらん。練習したり、新しい方法を試してみようよ**……しなやか**

C. あきらめてもいいよ。私だって難しいことはやめてしまうよ**……硬直**

親のマインドセット・チェックシート　パート2

1. 普段は勉強がよくできる子どもが、ある科目でよい成績が取れません。成績がますます下がっているようです。あなたはどう反応しますか？

A. この科目を取っているほかの子どもの様子を調べてみる。先生の教え方が変わったのかもしれない**……硬直**

B. 成績がすぐに上がらなければ、ゲームをする時間や遊びに行く時間を減らすと子どもに伝える**……硬直**

C. 何か勉強の妨げになるもの（混乱、じゃま、ペースが速すぎるなど）はないか、どうすれば子どもが成功できるかを子どもと話し合う**……しなやか**

2. 子どもがある作業で苦労しているのに気がつきました。

A. ほかのことをさせて注意をそらす**……硬直**

B. 苦労しても大丈夫なんだと伝える**……しなやか**

C. その作業を手伝う**……硬直**

3. ゲームやスポーツや授業で困難なことにチャレンジしようとしない子どもに、なぜなのか尋ねると、「ばかばかしいから」と言います。あなたは何と言いますか？

A. なぜばかばかしいのか理由を尋ねて、硬直マインドセット的な考え方がないか、耳を傾ける**……ニュートラル**

B. そんなことはやらなくてもいい、楽にできることだけをすればいいと言う**……硬直**

C. まだできなくても大丈夫だよと、言う**……しなやか**

4. 子どもがケアレスミスをすると腹を立てます。あなたはどうしますか？

A. 落ち着いて腹を立てるのはやめるように言う**……ニュートラル**

B. あなた自身も同じようなミスをしたことがあるが、そこから学んだこと

があると話して聞かせる……**しなやか**

C. 一緒になって怒る。もっとよくできるはずだから……**硬直**

親自身の硬直マインドセットの言い換え方

　第3章の図3では、左欄の硬直マインドセット的な話し方をどう言い換えたらよいかを、右の欄に書く練習をしました。下に、自分の考えを見直すのに役立つ言い換え方をさらに記しました。親の私たちが、自分に向かってしなやかマインドセット的なことを言えば、子どものしなやかマインドセットも育つということを、お忘れなく。

硬直マインドセット的な言い方	しなやかマインドセット的な言い換え方
私は料理がめちゃくちゃ下手！	まだできない料理方法をネットで観ながら練習しよう
絶対にうまくできっこない	うまくなるにはまだ時間がかかるけど、努力し続ければできる
植物を育てるのが得意だ	長年、植物について学んできたけど、もっと知識を増やすために新しい技術や情報を探そう
それ（財政、ハイテク、料理など）はパートナーに任せるよ	あまりうまくないけど、練習すれば、きっとできるようになるよ
歳取ると新しいことは覚えられないよ	生涯通じて学び続け、新しいことを試すのが大切だ

親から子どもへの硬直マインドセットの言い換え方

　第3章では、図4の左の欄の、親から子どもへの硬直マインドセット的な言

い方を、どう言い換えたらよいかを右の欄に書く練習をしました。下記のしな
やかマインドセットへの言い換え方を見てみましょう。親の言葉は子どものマ
インドセットの発達に大きな影響を与えるということをお忘れなく。

硬直マインドセット的な言い方	しなやかマインドセット的に変える言い方
なんて賢いんでしょう！	どれほど努力したかがよくわかるよ！
お前は才能があるんだから、できるはずよ	もう知っていることは何？　これをやり終えるためにはあと何を学べばいいかな？
お父さんも算数は苦手だったよ	算数が難しいからって、できないわけじゃないよ
うちの家族は○○がみんな苦手だよ	みんなが○○が苦手なのは、習ったり練習したりする機会がなかったからかもしれないよ
あまり勉強しなくてもいいからラッキーだね	きみには簡単そうだね。チャレンジできるものがないか探してみようよ
あなたは絵が得意。妹は作文が得意	妹が作文を一生懸命書くのが好きなようにあなたも絵を一生懸命に描くのが好きなんだね
きみにとってはとても簡単だね。努力しなくてもできるよね	努力しなくてもできるのなら、自分を伸ばしていないんだよ。もっと楽しくてチャレンジできるものを見つけようよ

付録B　しなやかマインドセットポスター

付録C　読書会のための
話し合いのポイント

　この本を、友だちや、学校の保護者たちや、ママ友たちと一緒に読んで感想を話し合う機会を設けようと思っているならば、次のような質問から始めてみましょう。よいディスカッションの条件は、本から得た知識と、読者の実体験のバランスがうまく取れていることです。でも自分の体験をみんなと共有することに用心深い人もいますから、そうした声も尊重し、皆にとって居心地のよい話し合いにすることが大切です。次の質問からみんながよいと思うものを選んだり、自分たちで質問を考えて、話し合ってみましょう。

第1章

- 生活の中で硬直マインドセットを持ちやすいのは、どういうところでしょうか？　そういう場合の硬直マインドセットはあなたにどんな影響を与えていると思いますか？

- 生活の中でしなやかマインドセットを持つことが多いのはどんなときでしょう？　そういう場合のしなやかマインドセットは、あなたにどんな影響を与えていると思いますか？

- 知能は鍛えることができるというのは、あなたにとって新しい概念ですか？　そのことによって、あなたの視点はどのように変わりましたか？

- この本を読み続けて、何を学びたいと思いますか？

第2章

- 親のマインドセットチェックの結果を見て、驚いたことはありますか？　それはなぜでしょう？
- 子どもに対して硬直マインドセットやしなやかマインドセットを示した経験について、だれか話してくれますか？
- 失敗したとき、どう反応しますか？　例を挙げてみてください。
- 皆さんが何かの作業で苦労しているのを見て、お子さんは、どのような反応を示しますか？
- 家庭内には、（大人も子どもも）いろいろな違うマインドセットが混在していることでしょう。家庭環境をしなやかマインドセットの方向に向けるために、何から始めればよいでしょうか？
- 才能や技量（あるいはそれが欠落していること）を遺伝と結び付けて人が話すのを聞いたことはありませんか？　あなた自身も、そう考えたことがありますか？

第3章

- 子どもの学校やスポーツ大会やリサイタルなどで、どんな褒め方やフィードバックを耳にしますか？　いくつか例を挙げてみましょう。もし必要なら、それらをしなやかマインドセットにするためには、言葉をどのように調整すればよいでしょう？
- 最近家庭内で、次のような褒め方をしたとき（すればよかったと思ったとき）のことについて、例を挙げて話してみましょう。
  - ・経過を褒める
  - ・やり方を褒める
  - ・粘り強さを褒める

- 子どもに「まだ……できない」のパワーを思い出させるのは、どんなときが適していますか？　子どもの年齢（幼児、児童、中学生、10代、青年）によって、どのように言えばよいでしょうか？
- 69〜70ページで挙げた、言い換えの言葉について話し合いましょう。

第4章

- 神経可塑性や脳の働きを学んで、あなたの学習についての考え方は変化しましたか？　どんな風に？
- 神経可塑性についてシンプルに子どもに説明できるのは、どんなときでしょう？

第5章

- 粘り強さ、レジリエンシー、グリットといった心理社会的スキルは、あなたやあなたの知り合いの成功にどのように役立っていますか？
- 子どもが苦労したり失敗したりしているのを見て辛かったときのことを話してみましょう。あなたはどう反応しましたか？　また同じことが起きたら、違う反応をしますか？
- 凡庸だとか努力が足りていないとかという言い方をせずに、子どもの失敗を受け入れるにはどうしたらよいでしょう？

第6章

- 子どもの教育の場には、どんな硬直マインドセットやしなやかマインドセットが見られますか？
- あなたの子どもの教師が硬直マインドセット的な考え方をして、それが子どもに害を及ぼしていると思ったとき、親としてどんなことができますか？

- 子どもの勉強の仕方を、成長を軸に進めていくには、どうすればいいでしょう？　アイディアや提案を出し合ってみましょう。

第7章

- 子どもはどんな練習を続けることができますか？　練習させることは困難ですか？　なぜでしょう？
- 子どもが計画的に練習を続けるためには、どう動機づければよいでしょう？
- スポーツイベントで、しなやかマインドセット的な言葉を使うと、選手たちがどのように変わると思いますか？　試合の雰囲気や、観客の楽しみ方がどのように変わるでしょう？

第8章

- あなたの家族にとって最も価値のあるのはどの方法ですか？　その方法をどのように使いますか？
- 家庭でしなやかマインドセットを育てるために、何かほかにも方法がありますか？

付録D　親のための
マインドセット・ワークブック

　しなやかマインドセットの子育ての一つの問題は、1日があまりにもあわただしく過ぎていくことです！　しなやかマインドセットが育つようにサポートしたりフィードバックを与えたりするチャンスは毎日のようにありますが、仕事、学校、家の雑用、用事で追いまくられていると、チャンスをつい逃してしまうのです。しなやかマインドセットを使った褒め方をしたり、子どもが苦労を学習だと思えるように導いてあげればよかったと、後になって（ほんの数分後に）気づくこともあるでしょう。

　この付録の「ワークブック」は、そういうことが**起こる前に**考えておくための練習です。少し時間をかけて自分ならどう反応するか考えてみましょう。実際に同じような状況が起きたときの予行演習になります。あなたが、グループや子育てを共にしている家族のだれかと一緒に本書を読んでいるのなら、この付録のシナリオについて話し合ったりアイディアを共有したくなるかもしれませんね。答えに正誤はありません。本書を使って、子どものしなやかマインドセットを育てるために自分に合った反応の仕方を作ってみましょう。

シナリオ

7歳の息子が地域センターのバスケチームに入る「トライアウト」を受けています。チームでバスケットをするのは初めてなので、何週間も前から息子は楽しみにしていました。コミュニティのリーグなので、全ての子どもがトライアウトに「合格」できるのをあなたは知っています。でもトライアウトが終わって家へ帰る車の中で、息子はほかの子のようにシュートをたくさん決められなかったと気にしています。「みんなうまいけど、ぼくはダメだ。やっぱりバスケをするのはやめるよ」と息子があなたに言いました。

この状況についてあなたはどう考えますか？

● この子はきっと疲れているんだ。トライアウトについて今話してもよい結果にはならないだろう。少し休んで、何かを食べさせてから、バスケチームに入るかどうか話し合えばいいだろう。
● この子はバスケチームに入るのは初めてで、今までは家の前や学校の体育の時間でしか練習したことがない。

しなやかマインドセットを育てるために言えること

● 「トライアウトのどこが一番難しかったの？　そこがうまくできるようになるには、どうしたらいいと思う？」（子どもをサポートできることは何か、子どもの答えをよく聞きましょう）
● 「友だちの中に、チームでバスケをしたことのある子がいれば、家に呼んで、教えてもらってもいいね」
● 「シュートだけがバスケットボールじゃないよ。急いでボールを運んだり、パスしたり、シュートできるようにセットアップしたりするのも、同じくらい大事だよ。チームでプレイしたらこういうことが覚えられるよ」

しなやかマインドセットを育てるためにできること

● 息子が友だちと一緒に練習して自信とスキルがつくような機会を作りましょう。
● 子どもと一緒にテレビでバスケの試合を見たり、実際に観戦しに行ったりして、うまい選手でもシュートをミスしたり、間違いをしたりすることがあることを指摘しましょう。その選手がどのように回復してプレイを続けているのかにも注目させましょう。

シナリオ
18歳になったあなたの娘は、小さいときからずっとファッションデザイナーになりたがっていました。9歳のころから、デザインをスケッチしたり、お兄ちゃんの洋服を作り直したり、洋服に飾りをつけたりしてきました。そして今は大学でファッションデザインを専攻しています。でもある日、娘から電話がかかってきました。「縫製のクラスがすごく難しいの。先生は早くやれって言うけど私にはできない。ポケットを正しくつけるために3回もやり直したの。このクラスをやめておけばよかった」
この状況についてあなたはどう考えますか？
しなやかマインドセットを育てるために言えること
しなやかマインドセットを育てるためにできること

シナリオ
あなたは5歳の息子が靴ひもを結ぶのを3週間ほど手伝っています。やっと自分で結べるようになりましたが、ひもをしっかり締めるのにはまだ助けが必要です。息子がおばあちゃんの家に泊まって、今朝帰ってきました。おばあちゃんがマジックテープ・スニーカーを買ってくれたと大喜びでです。「もう、ひもを結ばなくてもいいんだ！」と息子は言います。

この状況についてあなたはどう考えますか？

しなやかマインドセットを育てるために言えること

しなやかマインドセットを育てるためにできること

シナリオ
10歳の娘が学校で、目標を定めることを学んできました。そして毎週金曜日の単語テストで毎回100点を取るという目標を立てました。はじめの2週間はうまくいきましたが、今週は、三つ間違えて85点しか取れませんでした。娘は完璧主義なのか、100点を取れなかったことにとても腹を立てています。「あんなに勉強したのに無駄だったよ。何の意味もないよ！」と言います。

この状況についてあなたはどう考えますか？

しなやかマインドセットを育てるために言えること

しなやかマインドセットを育てるためにできること

シナリオ
13歳の息子は、ボーイスカウトのアクティビティで、地域のボランティア活動を30時間しなくてはなりません。何をしていいか迷っていて、急いで済ませてしまいたいので「一番簡単な」活動を探しています。ボランティア活動の期限がせまってきたある日、息子はあなたにこう言いました。「前に庭掃除を手伝ったよね。お父さんの仕事を手伝って手紙を封筒に入れるのもやったよ。その時間をボランティア活動の時間に数えてもいいんじゃない？　今ぼく、すごく忙しいし、宿題もたくさんあって、期限までにそんなに時間をかけられないんだ」
この状況についてあなたはどう考えますか？
しなやかマインドセットを育てるために言えること
しなやかマインドセットを育てるためにできること

シナリオ
16歳の娘は努力家です。ある日学校から涙をためて帰ってきました。「友だちなんか大嫌い！」と叫んで自分の部屋のドアを閉めてしまいました。あなたはそっとノックして、娘のベッドに腰かけて、どうしたのかと尋ねます。娘の答えはこうでした。「今日、成績表をもらったの。友だちはみんな、成績優秀者に選ばれたって自慢して、私の成績はどうだったかってしつこく聞いてきたんだ。私がみんなみたいに早く勉強を覚えられないことは、とっくにわかってるはずなのに。私はみんなよりもっとずっと勉強してるのに、くやしいよ！」

この状況についてあなたはどう考えますか？

しなやかマインドセットを育てるために言えること

しなやかマインドセットを育てるためにできること

参考文献リスト

Aiello, R., & Sloboda, J. (1994). *Musical perceptions*. New York, NY: Oxford University Press.

Andraka, J. (2015). *Breakthrough: How one teen innovator is changing the world*. New York, NY: Harper.

Blackwell, L., Trzesniewski, K., & Dweck, C. (2007). Implicit theories of intelligence predict achievement across an adolescent transition: A longitudinal study and an intervention. *Child Development*, 78, 246–263. doi:10.1111/j.1467-8624.2007.00995.x

Boaler, J. (2015). *Mathematical mindsets: Unleashing students' potential through creative math, inspiring messages, and innovative teaching*. San Francisco, CA: Jossey-Bass.

Bronson, P., & Merryman, A. (2009). *NurtureShock: New thinking about children*. New York, NY: Twelve.

Bruser, M. (1999). *The art of practicing: A guide to making music from the heart*. New York, NY: Bell Tower.

Changing the Game Project. (2015). *Why kids quit sports*. Retrieved from http://changingthegameproject.com/why-kids-quit-sports

Chesser, L. (2013). The gift of failure: 50 tips for teaching students how to fail well. Retrieved from http://www.opencolleges.edu.au/informed/features/the-gift-of-failure-50-tips-for-teaching-students-how-to-fail/

Colvin, G. (2008). *Talent is overrated: What really separates world-class performers from everybody else*. New York, NY: Portfolio.

Chua, J. (2015). The role of social support in dance talent development. *Journal for the Education of the Gifted*, 38, 169–195.

Corriveau, K., Pasquini, E., & Harris, P. (2005). If it's in your brain, it's in your mind: Children's developing anatomy of identity. *Cognitive Development*, 20, 321–340.

Dalton, T., & Bergenn, V. (2007). *Early experience, the brain, and consciousness: An historical and interdisciplinary synthesis*. New York, NY: Lawrence Erlbaum.

DiCerbo, K. (2014). Game-based assessment of persistence. *Educational Technology & Society*, 17, 17–28.

Dweck, C. (2006). *Mindset: The new psychology of success*. New York, NY: Random

House.

Dweck, C. (2010). Mind-sets and equitable education. *Principal Leadership*, 10(5), 26–29

Dweck, C. (2015). Carol Dweck revisits the growth mindset. *Education Week*. Retrieved from http://www.edweek.org/ew/articles/2015/09/23/carol-dweck-revis-its-the-growth-mindset.html

Dweck, C. (2016). Recognizing and overcoming false growth mindset. *Edutopia*. http://www.edutopia.org/blog/recognizing-overcomingfalse-growth-mindset-carol-dweck

Gladwell, M. (2008). *Outliers: The story of success*. New York, NY: Little, Brown.

Gunderson, E., Gripshover, S., Romero, C., Dweck, C., Goldin-Meadow, S., & Levine, S. (2013). Parent praise to 1- to 3-year-olds predicts children's motivational frameworks 5 years later. *Child Development*, 84, 1526–1541.

Harrigan, W., & Commons, M. (2014). The stage of development of a species predicts the number of neurons. *Behavioral Development Bulletin*, 19(4), 12–21.

Harvard Business Review Staff. (2014). How companies can profit from a "growth mindset." *Harvard Business Review*. Retrieved from https://hbr.org/2014/11/how-companies-can-profit-from-agrowth-mindset

James, O. (2008, December 26). Genes don't determine your child's ability—Nurture is key. *The Guardian*. Retrieved from http://www.theguardian.com/lifeandstyle/2008/dec/27/family-medical research

Kadane, L. (2013, August 26). When parents disagree on parenting: What to do when you and your partner aren't on the same page about how to raise your kids. *Today's Parent*. Retrieved from http://www.todaysparent.com/family/relationships/different-parenting-styles

Kasinitz, A., & Hiatt, G. (2015). Field hockey: Overtime is no sweat for George Mason; Wootton continues to grow. *The Washington Post*. Retrieved from https://www.washingtonpost.com/sports/highschools/field-hockey-overtime-is-no-sweat-for-george-mason-wootton-continues-to-grow/2015/10/14/78c55bb6-727e-11e5-9cbb-790369643cf9_story.html

Kelly Gray Sports. (2015). The power of mindset in sports. Retrieved from http://www.kellygraysports.com/mindset

Lahey, J. (2015). *The gift of failure: How the best parents learn to let go so their children can succeed*. New York, NY: Harper

Lohman, D. F. (2002, January 9). Reasoning abilities. Retrieved from https://faculty.education.uiowa.edu/docs/dlohman/reasoning_abilities.pdf

Lythcott-Haims, J. (2015). *How to raise an adult: Break free of the overparenting trap and prepare your kid for success*. New York, NY: Henry Holt.

Margiotta, M. (2011). Parental support in the development of young musicians: A teacher's perspective from a small-scale study of piano students and their parents. *Australian Journal of Music Education*, 1, 16–30.

McPherson, G., & Davidson, J. (2002). Musical practice: Mother and child interactions during the first year of learning an instrument. *Music Education Research*, 4, 141–156. http://dx.doi.org/10.1080/14613800220119822

National Center for Fair and Open Testing. (n.d.). FairTest. http://fairtest.org

Nickel, S. (2014). The brain: All about the boss of the body. *Boys' Life*, 30–31.

Olszewski-Kubilius, P. (2013, October). Talent development as an emerging framework for gifted education. Presentation given to Baltimore County Public Schools.

Palmer, B. (2011). How can you increase your IQ? Stay in school (or just play some memory games). *Slate*. retrieved from http://www.slate.com/articles/news_and_politics/explainer/2011/10/increasing_your_iq.html

Perez, A. B. (2012). Want to get into college? Learn to fail. *Education Week*, 31(19), 23.

Pink, D. (2009). *Drive: The surprising truth about what motivates us*. New York, NY: Riverhead Books.

Ricci, M. (2013). *Mindsets in the classroom: Building a culture of success and student achievement in schools*. Waco, TX: Prufrock Press.

Ricci, M. (2015). *Ready-to-use resources for mindsets in the classroom: Everything educators need for school success*. Waco, TX: Prufrock Press.

Rosenwald, M. (2015). Are parents ruining youth sports? Fewer kids play amid pressure. *The Washington Post*. Retrieved from https://www.washingtonpost.com/local/are-parents-ruining-youth-sports-fewer-kids-play-amid-pressure/2015/10/04/eb1460dc-686e-11e5-9ef3-fde182507eac_story.html

Ross, A. (2006). The storm of style: Listening to the complete Mozart. *The New Yorker*. Retrieved from http://www.newyorker.com/magazine/2006/07/24/the-storm-of-style

Rosoff, M. (2015). The buzzy new term at Microsoft is 'growth mindset'—Here's what it means. *Business Insider*. Retrieved from http://www.businessinsider.com/satya-nadella-instilling-growth-mindset-at-microsoft-2015-6

Skipper, Y., & Douglas, K. (2012). Is no praise good praise? Effects of positive feedback on children's and university students' responses to subsequent failures. *British Journal of Educational Psychology*, 82, 327–339.

Stevenson, S. (2015). Jack Andraka's parents on raising a science whiz kid. *The Wall Street Journal*. Retrieved from http://www.wsj.com/articles/jack-andrakas-parentson-raising-a-science-whiz-kid-1446562556.

Suissa, J. (2013). Tiger mothers and praise junkies: Children, praise and the reactive attitudes. *Journal of Philosophy of Education*, 47(1), 1–19.

U.S. Department of Education. (2013). Promoting grit, tenacity and perseverance: Critical factors for success in the 21st century. Retrieved from http://pgbovine.net/OET-Draft-Grit-Report-2-17-13.pdf

Wade, J. F. (2012, July 6). Build a growth mindset. *The Daily Bell*. Retrieved from http://www.thedailybell.com/editorials/4055/Joel-F-Wade-Build-a-Growth-Mindset/

Wilson, M. (2012). What do we do when a child says . . . "Look at my drawing!" *Educational Leadership*, 70(1), 52–56.

Wormeli, R. (2011). Redos and retakes done right. *Educational Leadership*, 69(3), 22–26.

Yocom, G. (2010). My shot: Gary Player. *Golf Digest*. Retrieved from http://www.golfdigest.com/story/myshot_gd0210

訳者あとがき

　「私たちはどのように子どもを育てているでしょうか？　『今』のために？　それとも『まだこれから』のために？」——壇上からTEDの聴衆に問いかけたのは、スタンフォード大学のキャロル・ドウェック博士です。博士はマインドセット（知能観）の研究を広く一般に知らしめた心理学者で、彼女の提唱する「しなやかマインドセット」については本書に詳しく述べられています。2014年11月のTEDでの講演は、大きな反響を呼び、現在までに1000万回以上も動画再生されています。講演の中で博士は、10歳の子どもたちにちょっと難しい課題を与えたときのことを紹介しています。「チャレンジするの大好き！　分かることが増えればうれしいから！」と驚くほど前向きな反応を示した子どもたちがいた一方で、「こんなの最悪だ！　ひどい！」と自ら失敗の烙印を押してしまった子どもたちもいました。言うまでもなく、前者の子どもたちは「しなやかマインドセット」、後者の子どもたちは「硬直マインドセット」の持ち主です。「硬直マインドセット」の子どもは、一度テストで失敗すると「次はきっとカンニングする」とか、「自分より出来の悪かった子を見つける」かもしれないと言うのです。一方、前者の子どもたちは難しい課題に、粘り強くじっくり取り組んでいきます。
　昔は日本の十八番だった「教育ママ」現象が今では、中国、韓国、そしてアメリカにまで広がっています。良い成績を取らせるために子どもをプッシュし続ける「タイガーマム」、子どもの一挙手一投足にうるさく口出しをする「ヘリコプター・ペアレント」、成績が悪いと学校に乗り込んで行って文句を言う「モンス

ター・ペアレント」。親のだれもが、子どもが「今」良い成績を取ることや、良い学校に入れることに躍起になっているようです。「まだ、できなくても努力すればいい」という寛容な親は稀です。そんな中、アメリカの名門大学に成績の足りない子どもを入学させようと、大学進学統一テストの実施機関やスポーツ監督を買収して、統一テストの点数をごまかしたり、子どもをスポーツのスター選手にでっち上げたりという事件が起きました。不正入学のために合計28億円もが使われ、親の中には有名な芸能人がいたこともあって、連日ニュースを賑わしています。

　本書に紹介されているデータの中に衝撃的なものがありました。幼稚園に入園したときの5歳児の100%が、「自分はなんでも学ぶことができる」という「しなやかマインドセット」を持っているのに、小学3年生になると、その率が58%にまで下がってしまうと言うのです。「自分は頭が悪いから」「算数は苦手だから」と、いつのまにか「硬直マインドセット」を身につけてしまうのです。そう導いているのは親や周囲の大人だと思います。

　私の長男はカリフォルニアで、ある有名な教育メソッドを取り入れた保育園に通っていました。あるとき私は4歳の息子のために72色クレヨンセットを買いました。私の子ども時分の夢だった72色！　息子もきっと喜ぶにちがいないと思っていました。ところが、クレヨンの大きな箱を手渡そうとしたとき、息子は両手をさっと後ろへ回しました。そして、「使い方を教えてくれないと失敗する」と言うのです。「好きなように描いていいんだよ、折れたっていいんだから」と言っても、両手は後ろに組まれたままです。よくよく聞いてみると、その保育園では、棚にきれいに並べられた教育ゲームやおもちゃは、保育士から使い方を教わるまでは、子どもたちに触らせないことになっていると言うのです。4歳の息子の「しなやかマインドセット」は知らないうちに摘み取られようとしていたのです。愕然とした私と夫は、息

子を転園させました。

　本書第2章の、親のマインドセットをチェックする質問に、是非答えてみてください。翻訳しながら、私自身、答えに迷う質問がいくつもありました。「きみは頭がいいね」「絵が上手だね」と褒めるのはポジティブに聞こえて、実は硬直マインドセットなのです。子どもが失敗しても、「まだ、これから」努力すればいいのだと、しなやかな頭で励ましていかなくてはなりません。まず大人が自分のマインドセットを見直さなくては、何も始まらないのです。

上　田　　勢　子

著者紹介

メアリー・ケイ・マーキオーネ・リッチ（Mary Cay Marchione Ricci）

　教育コンサルタント、講演者。NYタイムズのベストセラー『Mindsets in the Classroom』とそれに付随する『Ready-to-Use Resources for Mindsets in the Classroom』の著者であり、アメリカ、メリーランド州のプリンス・ジョージ郡公立学校区のOffice of Advanced and Enriched Instruction（上級学習指導事務所）の顧問。ボルティモア郡公立学校区のギフテッド教育のコーディネーターや、メリーランド州、モンゴメリー郡公立学校区のAccelerated and Enriched Instruction（上級学習指導）部門の教育専門家を歴任。

　ペンシルバニア州出身、ピッツバーグ郊外で育ち、ペンシルバニア州エリーのマーシーハースト大学で、小学校教育の学士号を取得。小学校、中学校の教師としての経験ももつ。ジョンズ・ホプキンズ大学で、ギフテッド教育運営と指導者としての資格を含む修士号を得ており、現在は同大学院教育部の准教授。

　2010年、メリーランド州教育課より、ギフテッド教育の州のリーダーとしての賞を受賞。CEC-TAG（ギフテッド教育の協会）の理事も務める。クリストファー、パトリック、イザベラの3人のすばらしい子どもと、スニッカーズというすばらしいペット犬と暮らす。

マーガレット（「メグ」）・リー（Margaret Lee）

　教育管理者、教育コンサルタント。ヘーガースタウン・コミュニティカレッジとフッドカレッジを卒業後、フロストバーグ州立大学にて教育リーダーシップの教育修士号を得る。中学校の国語教師、語学専門家、学校区の専門開発者、中学校副校長、上級教育顧問などを歴任。大学と大学院で教育学や心理学も教える。

　2013年に、メリーランド州教育課より、ギフテッド教育の州のリーダーとしての賞を受賞。地域社会、州、全米の会議で講演をすることも多く、私立・公立学校の教育コンサルタントも務める。旅行が大好きで、アメリカ国内外を問わず新しいところに家族や友人と旅することを楽しんでいる。

〈訳者紹介〉

上田勢子（うえだ　せいこ）
　東京生まれ。慶應義塾大学文学部社会学科卒。1979年より米
国カリフォルニア州在住。現在までに100冊以上の児童書と一
般書の翻訳を手がける。最近の訳書に『見えない性的指向 アセ
クシュアルのすべて──誰にも性的魅力を感じない私たちについ
て』『イラスト版　子どもの認知行動療法』シリーズ全8巻、
『LGBTQってなに？』（以上明石書店）、『わたしらしく、LGBTQ』
全4巻、『教えて！哲学者たち──子どもとつくる哲学の教室』
（共に大月書店）、『レッド──あかくてあおいクレヨンのはなし』
（子どもの未来社）などがある。二人の息子が巣立った家に、現
在は夫と一匹のネコと暮らしている。

家庭で育む しなやかマインドセット
　──能力や素質を成長させるシンプルなシステム

2020年5月30日　初版第1刷発行

著　者	メアリー・ケイ・リッチ
	マーガレット・リー
訳　者	上　田　勢　子
発行者	大　江　道　雅
発行所	株式会社明石書店

〒101-0021 東京都千代田区外神田 6-9-5
電　話　03（5818）1171
ＦＡＸ　03（5818）1174
振　替　00100-7-24505
http://www.akashi.co.jp
装丁　　明石書店デザイン室
印刷・製本　モリモト印刷株式会社

ISBN978-4-7503-5033-2
（定価はカバーに表示してあります）

Printed in Japan